Карьера

Хуан Дунсян and Лю Тинтинг

Published by ICRA PUBLISHING, 2023.

While every precaution has been taken in the preparation of this book, the publisher assumes no responsibility for errors or omissions, or for damages resulting from the use of the information contained herein.

КАРЬЕРА

First edition. November 28, 2023.

Copyright © 2023 Хуан Дунсян and Лю Тинтинг.

ISBN: 979-8223344926

Written by Хуан Дунсян and Лю Тинтинг.

Содержание

Предисловие

КАРЬЕРА - ЭТО УНИКАЛЬНАЯ и важная дисциплина, связанная с развитием и ростом каждого человека. В предисловии к этой книге я поведу читателей, чтобы исследовать сущность карьерного обучения, раскрывая его далеко идущие последствия для личностного роста и социального развития, а также способы его эффективного применения в реальной жизни.

Во - первых, концепция карьеры выходит за рамки традиционной карьеры. Карьера - это более широкое и долгосрочное понятие, охватывающее карьерный рост, жизненный опыт и все связанные с ним виды деятельности и роли на протяжении всей жизни человека. Карьера имеет длинные временные рамки и часто сопровождается многочисленными сменами карьеры и ролей, в то время как карьера - это только конкретное измерение карьеры, которое фокусируется на пути роста человека в конкретной области или отрасли, подчеркивая улучшение профессиональных ролей, продвижения по службе и профессиональных способностей. Разъяснение этого различия помогает нам глубже понять смысл карьерного обучения.

Во - вторых, в книге дается предварительный обзор основных концепций карьерного обучения. Карьера - это социальная наука, изучающая карьерную деятельность человека и ее законы, которая фокусируется на выборе карьеры, развитии карьеры и планировании карьеры человека на разных этапах жизни, охватывает такие области, как карьера, семейная карьера и карьерное образование, охватывает такие дисциплины, как психология, педагогика, менеджмент, социология и экономика, и направлена на то, чтобы помочь человеку лучше понять свои интересы, способности, ценности и жизненные цели, чтобы реализовать свои профессиональные ценности и саморазвитие на постоянно меняющемся рабочем месте и в социальной среде.

Кроме того, карьерное обучение имеет большое значение для личного роста и социального прогресса. Концепция карьерного обучения уходит корнями в тяжелую традиционную китайскую культуру и направляет людей на установление правильного взгляда на жизнь и карьеру. Динамичное и счастливое общество требует, чтобы каждый мог найти свое место и полностью реализовать свой потенциал. Карьера фокусируется на удовлетворенности работой и самореализации человека, первый относится к индивидуальной оценке собственной удовлетворенности работой, а второй - к индивидуальному процессу достижения личных ценностей и жизненных целей. Благодаря исследованиям и практике карьерного обучения мы можем воспитывать больше талантливых людей для общества и содействовать прогрессу и развитию общества.

Наконец, особенно важно гибко применять идеи и методы карьерного обучения. Развитие карьеры - это длительный и сложный процесс, который требует постоянного мышления и действий. Планирование карьеры, как общее управление общим развитием карьеры человека, подчеркивает сбалансированное и скоординированное развитие во всех областях. Мы должны постоянно обновлять и совершенствовать планирование карьеры, углубляя наши интересы и способности, регулярно пересматривая и корректируя наши жизненные цели. В то же время, общение и обмен опытом с другими также чрезвычайно ценны, и, опираясь на опыт других, мы можем получить непосредственное вдохновение и помощь.

В этом быстро развивающемся обществе, где мы часто упускаем из виду изучение себя, эта книга приведет вас к медитации и мышлению о себе, чтобы помочь вам построить значимую, полноценную и удовлетворительную карьеру. Теперь давайте вместе начнем увлекательное путешествие по карьере!

Хуан Дунсян (◇◇◇), Лю Тинтинг (◇◇◇)

В июне 2023 года в Дунху

1. Обзор карьеры

1.1 История развития карьеры

1.1.1 Анализ основных понятий

(1) Карьера и карьера

Карьера - это широкая и далеко идущая концепция, охватывающая карьерный рост, жизненный путь и все связанные с ним виды деятельности и роли на протяжении всей жизни человека. Этот термин впервые восходит к « Моя жизнь также имеет конец, и знание не имеет предела» в « Чжуанцзы · Воспитатель », что означает, что жизнь ограничена, но стремление к бесконечности. Это вдохновляет нас на то, что мы должны признать границы жизни и безграничность знаний в соответствии с законами природы, чтобы достичь гармонии жизни и ценности жизни.

Карьера, как важная часть карьеры, фокусируется на индивидуальных траекториях развития в профессиональной области или конкретной отрасли, охватывающей продвижение по службе, повышение квалификации, а также трансформацию и развитие карьеры. Карьера, несомненно, является самой важной главой в жизненном пути и играет решающую роль в реализации личных ценностей.

Карьера и карьера тесно связаны, но различны. Концепция карьеры является более широкой и охватывает многие аспекты карьеры, жизни и личностного роста; Карьера является важной частью этой обширной картины. Углубленное понимание целостности карьеры помогает человеку более полно взглянуть на свой путь роста, чтобы лучше планировать будущее.

(2) Планирование карьеры и планирование карьеры

Планирование карьеры - это комплексный процесс планирования и управления общим развитием карьеры человека, который включает в себя углубленную оценку личных интересов, ценностей, навыков и целей, помогая человеку исследовать свою собственную профессиональную ориентацию и путь развития, а также разработать подробный план действий для достижения своих жизненных целей. Планирование карьеры подчеркивает комплексный характер и фокусируется на сбалансированном и скоординированном развитии во многих областях, таких как образование, семья и общество, с целью повышения общего качества жизни человека.

Планирование карьеры, как основной компонент планирования карьеры, в большей степени ориентировано на рост и развитие человека в конкретной профессиональной области. Это требует от людей глубокого понимания профессиональных потребностей, отраслевых тенденций и разработки на этой основе краткосрочных и долгосрочных карьерных целей и планов действий. Планирование карьеры фокусируется на четком направлении развития карьеры, разработке стратегии реализации, включая продвижение по службе, развитие навыков, накопление опыта.

Существует явное различие между планированием карьеры и планированием карьеры с точки зрения охвата и приоритетов. С более широкой точки зрения, планирование карьеры фокусируется на всестороннем развитии общей карьеры человека, подчеркивая баланс и интеграцию между различными областями, которые также включают углубленное рассмотрение профессиональных областей. Планирование карьеры в большей степени фокусируется на самой карьере, помогая людям более целенаправленно достигать своих профессиональных целей и личностного роста.

1.1.2 Теоретические основы карьерного роста

Теория карьерного роста построена на всеобъемлющей и многомерной основе, которая объединяет в себе сущность традиционной китайской тай - чи культуры и современной теории профессионального развития. Эта интеграционная теоретическая основа не только фокусируется на профессиональном развитии личности, но также широко охватывает баланс и гармонию семьи, образования и других социальных ролей, подчеркивая целостный характер развития карьеры.

В контексте карьерного обучения культура Тай - чи предлагает индивидууму комплексную перспективу поиска баланса между карьерой и семьей. Эта идея не только фокусируется на балансе между работой и личной жизнью, но и подчеркивает баланс между развитием личности и социальной ответственностью, а также гармонизацию внутренних потребностей человека с внешним окружением. Руководствуясь культурой Тай - Чи, люди могут глубже понять и интегрировать внутренние связи между профессиональными целями, семейными обязанностями, личными ценностями и качеством жизни для достижения всестороннего и гармоничного развития.

В то же время современная теория развития карьеры обеспечивает научную методологическую поддержку карьерного роста. Теория профессиональных интересов Холланда, теория карьерного роста Шубера и теория карьерного якоря Шеннера подчеркивают центральную роль индивидуальных интересов, способностей и ценностей в выборе карьеры. Эти теории предоставляют системные инструменты и методы для планирования карьеры, которые помогают людям точно оценивать свои качества, определять цели карьеры и планировать пути развития карьеры, которые соответствуют индивидуальным характеристикам.

Карьера объединяет эти две идеи и открывает новую теоретическую перспективу. Карьера подчеркивает многообразие ролей, которые люди играют на разных этапах своей жизни, и побуждает людей искать полный баланс в процессе развития карьеры. Благодаря этой интеграции карьера не только обеспечивает более богатый путь развития карьеры для отдельных лиц, но и обеспечивает важную теоретическую поддержку и практическое руководство для устойчивого развития общества.

1.1.3 Концепция и применение карьерного обучения

Карьера - это социальная наука, изучающая карьерную деятельность человека и ее законы, которая фокусируется на выборе карьеры, развитии карьеры и планировании карьеры человека на разных этапах жизни, охватывает такие области, как карьера, семейная карьера и карьерное образование, охватывает такие дисциплины, как психология, педагогика, менеджмент, социология и экономика, и направлена на то, чтобы помочь человеку глубже понять свои интересы, способности, ценности и жизненные цели, чтобы реализовать свои профессиональные ценности и саморазвитие на постоянно меняющемся рабочем месте и в социальной среде.

Карьера направлена на то, чтобы помочь людям создать позитивный и здоровый взгляд на жизнь и карьеру, а также помочь людям достичь саморазвития, внутреннего удовлетворения и достижения посредством систематического образования и руководства. Взгляд на жизнь - это целостное восприятие и понимание человеком жизненных целей, ценностей и убеждений, которые глубоко влияют на его поведение и принятие решений. С другой стороны, концепция карьеры - это оценка, отношение и ожидания человека к профессии, которые напрямую связаны с выбором карьеры и развитием карьеры человека. Профессиональный выбор индивидуума должен соответствовать его жизненным целям и ценностям, чтобы найти смысл и удовлетворение в работе. В то же время индивидуальный взгляд на жизнь также должен включать в себя широкий выбор карьеры и статус работы, поддерживать позитивный и прогрессивный менталитет и продолжать стремиться к саморосту и развитию.

На теоретическом уровне карьера охватывает широкий спектр дисциплин, таких как психология, педагогика, социология и менеджмент. Его теоретическая система состоит из трех частей: концепции планирования карьеры, теории развития карьеры и основной теории карьеры, которая образует систематическую и всеобъемлющую базу знаний. Эти теории обеспечивают важное руководство и поддержку для развития карьеры человека, составляют прочную теоретическую основу для исследований и практики карьерного обучения, помогая людям лучше понимать и реагировать на различные проблемы и возможности в процессе развития карьеры.

На практике карьера демонстрирует свою обширную прикладную ценность во многих областях. В области образования карьера помогает студентам глубже понять свои интересы и способности, чтобы сделать более подходящий выбор карьеры и планирование карьеры; В управлении организацией карьера обеспечивает сильную поддержку для развития профессиональных навыков сотрудников, повышения удовлетворенности карьерой, тем самым повышая общую производительность и конкурентоспособность организации; В семейной жизни карьерное обучение помогает людям сбалансировать и гармонизировать семейные роли и карьерный рост, тем самым повышая качество жизни и благополучие семьи.

1.2 Учебная ориентация карьерного обучения

Карьера, как уникальная и важная дисциплина, выходит за рамки традиционной карьеры и направлена на то, чтобы помочь людям достичь жизненного развития, оптимизировать свой профессиональный путь и улучшить качество жизни. Карьера предлагает богатую теорию и методы, которые помогают людям лучше управлять и планировать свою карьеру.

1.2.1 Карьера является важной дисциплиной, которая направляет людей к реализации жизненных ценностей

В современном обществе развитие личности стало центральной темой. Индивидуум должен четко определять свои интересы, ценности, способности и потенциал для достижения жизненных целей посредством саморегулирования. Эффективное самоуправление охватывает как эмоциональные, так и поведенческие аспекты, помогая людям лучше справляться с проблемами, уменьшая стресс, тем самым повышая эффективность работы и качество жизни и способствуя гармоничному единству карьеры и жизни. Карьера играет ключевую роль в этом процессе, помогая людям понять себя, эффективно управлять эмоциями и поведением, развивать уверенность в себе, самодисциплину и способность адаптироваться, чтобы успешно решать различные проблемы в развитии карьеры.

Карьера не только фокусируется на планировании карьеры и повышении конкурентоспособности на рабочем месте, но и более глубоко затрагивает различные измерения, такие как индивидуальное развитие, создание счастья и реализация ценности. Он выступает за то, чтобы индивидуум вышел за рамки узкой концепции материального успеха и вместо этого сосредоточился на более глубоких потребностях, таких как духовное удовлетворение и богатство межличностных отношений. Углубленное изучение индивидуального выбора жизни, развития карьеры и планирования карьеры, карьерное обучение помогает человеку полностью и четко понять себя, направлять его в соответствии с его собственными условиями, чтобы сформулировать научный и разумный план жизни. Этот процесс не только способствует достижению профессиональных целей, но и способствует реализации мечты о жизни, тем самым продвигая людей к новому уровню всестороннего развития и реализации ценностей.

1.2.2 Карьера является основной дисциплиной для изучения планирования карьеры на разных этапах жизни

Развитие карьеры индивидуума динамично меняется и развивается с накоплением времени и личного опыта. От детства до старости индивидуум претерпевает различные изменения, каждый из которых имеет разные потребности, проблемы и возможности, требующие выбора и принятия решений. Например, подростки могут быть наиболее заинтересованы в выборе образования и первоначальной профессиональной ориентации; В среднем возрасте больше внимания может уделяться стабильности карьеры, возможностям продвижения по службе или балансу между работой и семьей; С другой стороны, старение может перейти к таким вопросам, как планирование выхода на пенсию и последующая деятельность. Карьера играет роль путеводителя в этом процессе, изучая характеристики и законы планирования карьеры на разных этапах жизни, обеспечивая теоретическую поддержку и прикладную методологию, чтобы помочь людям эффективно выбирать и принимать решения.

Научный анализ характеристик своего этапа и будущих возможностей имеет решающее значение для выбора пути, который наилучшим образом соответствует его ожиданиям и устойчивому развитию. Карьера изучает планирование карьеры на разных этапах жизни, направляет людей к самосознанию, пониманию общества, четкому видению, эффективно изменяет различные этапы жизни и максимизирует ценность жизни.

1.2.3 Карьера является междисциплинарной дисциплиной, изучающей профессиональную и семейную интеграцию

Современные модели семьи и труда претерпели значительные изменения по мере изменения социальных структур и традиционных представлений. Расширение доступа женщин к рынку труда, появление моделей дистанционной работы и постепенное увеличение продолжительности жизни в пожилом возрасте побудили людей переосмыслить, как сбалансировать работу и семью, а также совмещать семейные обязанности с карьерным ростом. Это явление также отражает стремление к качеству жизни и многообразие представлений о путях реализации личных ценностей.

Важность семьи не подлежит сомнению. Стабильность семейной среды напрямую влияет на качество раннего образования детей, а также на степень уверенности в том, что супруги сталкиваются с общими проблемами. В более широком смысле « безопасность дома и благополучие» - прочная и счастливая семейная основа способствует процветанию и процветанию родины. Таким образом, поиск разумной, здоровой, устойчивой и стабильной интеграции между интенсивным развитием карьеры и ответственной семейной жизнью стал важным направлением исследований в области карьерного роста.

1.2.4 Карьера - это социальная дисциплина, изучающая управление карьерой в организации и образование в школе

По мере развития общества организации и школы играют важную роль в индивидуальном развитии карьеры и планировании карьеры. Управление карьерой в организации предоставляет предприятиям такие меры поддержки, как возможности для развития, обучение, консультирование и планирование карьеры, чтобы помочь сотрудникам достичь своих карьерных целей и повысить свои общие способности, тем самым способствуя беспроигрышному развитию персонала и достижению организационных целей. С другой стороны, образование в области школьной карьеры в большей степени ориентировано на предоставление учащимся знаний и навыков в таких областях, как самопознание, карьерные исследования и планирование будущего, что побуждает подростков планировать свою карьеру и устанавливать свои жизненные цели.

Управление организационной карьерой и обучение школьной карьере являются двумя столпами, которые дополняют индивидуальное планирование и развитие карьеры. Карьера способствует устойчивому развитию общества, изучая роли, функции и то, как они взаимодействуют друг с другом, предоставляя соответствующие теории и практики, которые помогают организациям и школам лучше поддерживать индивидуальное развитие карьеры и планирование карьеры, эффективно управлять стрессом на работе, наслаждаться жизнью, поддерживать физическое и психическое здоровье и содействовать социальному взаимодействию.

1.2.5 Карьера - это дисциплина, способствующая всестороннему развитию личности и социальному прогрессу

В основе карьерного обучения лежит открытие новых перспектив для наблюдения и решения проблем взаимодействия человека с окружающей средой и содействия всестороннему развитию каждого члена общества. Необходимо четко понимать, что объект исследования карьерного обучения, хотя и уходит корнями в профессиональную сферу, распространился на весь спектр путей роста жизни, более широко охватывая различные решения и поворотные моменты на протяжении всего жизненного цикла человека. Будь то выбор образования в подростковом возрасте, карьерный переход в среднем возрасте или пенсионное планирование в более позднем возрасте, карьерное обучение может обеспечить соответствующее руководство и поддержку.

Таким образом, академическая ориентация карьерного обучения должна быть определена как дисциплина, которая способствует всестороннему развитию личности во всех областях и циклах. Его практическая ценность постоянно обновляется именно потому, что он постоянно расширяет границы, тесно увязывая их с пульсом времени. Судя по десятилетиям и даже столетним временным линиям, развитие карьерного обучения способствует общему прогрессу личности и общества.

1.3 Методы исследования карьеры

Карьера как междисциплинарная область, чьи методы исследования демонстрируют разнообразие и богатство, дает исследователям многомерную перспективу, которая позволяет им глубже понять и исследовать все аспекты развития карьеры. Используя эти методы в комплексе, исследователи могут всесторонне изучить сложность развития карьеры с точки зрения многих дисциплин, таких как психология, социология и педагогика, чтобы получить глубокие выводы.

1.3.1 Методы качественных исследований

Методы качественных исследований уделяют пристальное внимание конкретным случаям и всесторонне собирают и анализируют подробную информацию по конкретным случаям с помощью различных средств, таких как интервью, наблюдения и анализ литературы. Этот метод помогает исследователям выявить субъективные факторы, такие как индивидуальный опыт, идеи и убеждения, и глубоко изучить незаметные внутренние движущие силы и сложные факторы, влияющие на развитие карьеры.

Благодаря качественным исследованиям исследователи могут лучше понять ключевые события и важные решения, которые люди принимают в своей карьере, чтобы понять глубинную логику, лежащую в ее основе. Кроме того, качественные методы исследования широко используются в исследовательских исследованиях, помогая исследователям глубоко анализировать возникающие явления и сложные проблемы в области карьерного обучения, обеспечивая сильную поддержку теоретического построения и практического применения карьерного обучения.

1.3.2 Методы количественных исследований

Методология количественных исследований сосредоточена на статистическом анализе большого числа случаев и углубленном количественном изучении вопросов карьерного роста с помощью вопросников, экспериментальных проектов и статистического анализа. В основе этого метода лежит сбор и анализ большого количества данных, раскрывающих и интерпретирующих внутренние законы и отношения явлений, связанных с карьерой, что помогает исследователям выявлять универсальные законы и тенденции в развитии карьеры и в целом понимать модели и закономерности карьерного обучения. Кроме того, количественные методы исследования могут эффективно оценивать и улучшать эффективность планирования карьеры и консультационных услуг, обеспечивать прочную научную основу для образования и профессиональной ориентации и помогать людям в достижении более качественного развития карьеры.

1.3.3 Смешанные методы исследования

Смешанный подход к исследованиям - это стратегия, которая объединяет качественные и количественные методы исследований, направленные на более полное понимание проблем и явлений в таких областях, как карьера, и предоставление более точных и надежных результатов. Используя эти два метода в комплексе, исследователи могут углубляться в тематические истории, лежащие в основе количественных данных, тем самым обогащая содержание исследования и повышая общую ценность исследования.

Преимущество гибридных методов исследования заключается в том, что они могут в полной мере использовать преимущества качественных и количественных методов исследования, одновременно устраняя их недостатки. Качественные исследования могут обеспечить подробное описание и понимание, раскрывая индивидуальный опыт и взгляды; Количественные исследования могут обеспечить статистический анализ и объективную проверку больших образцов. Благодаря гибридному подходу к исследованиям исследователи могут получить более полные и точные результаты исследований, которые будут способствовать дальнейшему развитию области карьерного обучения.

Следует отметить, что гибридные методы исследования должны быть тщательно разработаны для применения в исследовательских процессах и методах анализа данных, чтобы обеспечить эффективную интеграцию качественных и количественных данных. Кроме того, исследователи должны учитывать цели и проблемы исследования, выбирать подходящие гибридные методы исследования и разумно представлять и интерпретировать результаты исследования, чтобы обеспечить научность и надежность исследования.

1.3.4 Другие методы исследования

Карьера охватывает многие дисциплины, такие как психология, педагогика и социология, и ее методы исследования богаты и разнообразны. Для того, чтобы получить полное и глубокое представление о процессе принятия решений о карьере человека и его влиянии, исследователям часто приходится сочетать различные методы исследования. Например, тематические исследования и оперативные исследования помогают нам глубже понять, проанализировать и улучшить процесс планирования карьеры.

2. Теоретическая система карьерного обучения

2.1 Обзор теоретической системы

Карьера как дисциплина, которая становится все более важной в современном обществе, обеспечивает научную теоретическую поддержку и практическую стратегию для развития карьеры человека. Его теоретическая система, состоящая из трех частей: концепции планирования карьеры, теории развития карьеры и основной теории карьеры, представляет собой систематическую и всеобъемлющую структуру, которая помогает людям находить подходящий путь развития в сложной и постоянно меняющейся социальной среде.

Во - первых, концепция планирования карьеры уходит корнями в глубокую почву китайской культуры. Традиционная китайская культура, такая как конфуцианство, даосизм, солдаты, и другие классики, содержит 5000 - летнее накопление мудрости и дает далеко идущее вдохновение для планирования карьеры современных людей. Конфуцианство подчеркивает моральную этику и межличностные отношения, помогая людям устанавливать правильные ценности и жизненные цели; Даосизм выступает за то, чтобы соответствовать природе и внутреннему спокойствию, напоминая человеку о его истинном голосе. « Йи Цзин» учит людей гибко реагировать и адаптироваться к постоянно меняющейся среде; С другой стороны, « Искусство войны» подчеркивает стратегическое мышление и мудрые решения, чтобы помочь людям сделать мудрый выбор в своей карьере. Кроме того, есть много классических национальных книг, которые исследуют законы планирования карьеры с разных точек зрения. Эти классики не только наследуют культуру, но и обеспечивают ценные идеи и методы для формирования личности, установления идеалов и решения проблем.

Во - вторых, теория профессионального развития глубоко анализирует проблемы отдельных лиц в выборе карьеры, адаптации к рабочей среде и профессиональному росту. Область охватывает несколько важных теорий, таких как теория профессиональных интересов Холланда, подчеркивая идеальное соответствие между типами интересов и профессией; теория Парсонса о соответствии между личностью и карьерой с акцентом на соответствие индивидуальных характеристик профессиональной среде; Теория карьерного якоря SHERN фокусируется на глубоком влиянии основных ценностей на выбор карьеры; И теория радуги карьеры Шубера раскрывает задачи развития карьеры на разных этапах жизни. Кроме того, теория когнитивного уровня Блума, теория задач развития Харви Хёрста, а также теория социально - когнитивной карьеры, теория построения карьеры и т. Д. Также исследуют внутренние законы развития карьеры с разных точек зрения, обеспечивая прочную основу для профессиональной ориентации и образования, чтобы помочь людям достичь своих профессиональных целей и самооценки.

Наконец, основная теория карьеры включает в себя теорию карьерного Тай - чи и теорию карьерного слияния, основанную на традиционной китайской культуре и философии Тай - чи и в сочетании с современной теорией профессионального развития. Теория Тай - чи рассматривает семью и профессию как два полюса: инь и ян, подчеркивает диалектические отношения и взаимозависимость между ними и призывает людей искать баланс между профессией и семьей для достижения всестороннего саморазвития. С другой стороны, теория интеграции карьеры вводит элементы карьерного образования, подчеркивая ключевую роль социальной среды, семейного фона и знаний и навыков в построении индивидуальной карьеры, отражая тесное сотрудничество и взаимную поддержку общества, семьи и школы. Эта теория не только унаследовала и развила традиционную концепцию планирования карьеры, но и предоставила новую перспективу для совершенствования теории развития карьеры, ознаменовав новый этап карьерного обучения в развитии независимой дисциплины.

2.2 Концепция планирования карьеры

Китайская культура имеет долгую историю, обширную и глубокую, богатую мудрость и философию. Классические произведения традиционной китайской культуры, такие как « Йи Цзин», « Размышления», « Моральные писания» и « Чжуанцзы», исследуют истинный смысл жизни, мудрость жизни и гармоничный симбиоз человека и природы из разных измерений, демонстрируя глубокую философию и плюралистическую перспективу. Эти классики не только являются важным мостом для индивидуального понимания китайской культуры, но и дают глубокое вдохновение для планирования карьеры современных людей.

« Йи Цзин» был воспринят как первая книга группы, источник дороги, является общим источником китайской цивилизации, его эзотерическое философское мышление об изменениях инь и ян не только отражает глубокое понимание Вселенной и природы, но и содержит богатую жизненную мудрость и моральные нормы. Его концепция баланса инь и ян обеспечивает руководство для планирования карьеры в стремлении к гармонии и единству, направляя людей к достижению баланса между карьерой и жизнью. С другой стороны, « Искусство войны внуков» было воспринято как « священный кодекс военной науки», подчеркивая стратегическое мышление и мудрость, чтобы научить людей, как остро использовать возможности в ожесточенной конкуренции и постоянно совершенствовать свои способности, чтобы справиться с различными вызовами и испытаниями.

Конфуцианство, с его акцентом на моральных этических и межличностных качествах, глубоко влияет на концепцию планирования карьеры китайцев. « Разговор » и « Менчи » являются представителями конфуцианской классики, подчеркивая основные ценности, такие как доброжелательность, праведность, вежливость, мудрость и письмо, и учат нас устанавливать правильные ценности и жизненные цели в жизни и работе. Конфуцианство выступает за « самосовершенствование, Ци Цзя, управление страной, мир мира », считает, что развитие карьеры должно соответствовать судьбе, стремиться к единству внутреннего совершенствования и внешних достижений. Конфуцианство направляет людей на более глубокое понимание отношений между людьми и обществом, четкое определение ответственности и миссии, чтобы найти четкое направление в планировании карьеры.

Даосская классика, такая как « Книга морали » и « Чжуанцзы », исследует смысл и ценность жизни с другой уникальной точки зрения. Даосизм выступает за то, чтобы соответствовать природе и управлять ничем, подчеркивая свободу и спокойствие ума. В планировании карьеры эта концепция напоминает нам, что, преследуя цель, мы должны поддерживать внутренний мир и соответствовать естественным законам жизни. Даосизм побуждает нас искать внутренний интерес и энтузиазм в выборе карьеры, а не просто материальную отдачу, которая помогает нам найти путь развития, который действительно подходит для нас в сложной социальной среде.

Кроме того, многие классики, такие как « Простая книга », « Cai Gentan », « Liuzu Tan Jing », « Huainanzi », « Jinsilu », « Chuanxilu », « Heguanzi », « Baopuzi », « Пять строк праведности » и т. Д., также обеспечивают уникальную перспективу и мудрость для планирования карьеры и обеспечивают разумную стратегию и метод для отдельных тел, чтобы справляться с изменениями и вызовами.

Классика национальной науки - это не только наследие культуры, но и руководство к жизни. Благодаря глубокому чтению и мышлению мы можем формировать здоровую личность и устанавливать высокие идеалы под руководством традиционной мудрости, тем самым добавляя больше цвета и глубины в нашу жизнь. В этом процессе традиционная китайская культура предлагает ценные идеи и методы для планирования нашей карьеры, помогая нам найти свой собственный уникальный путь развития в сложном мире.

2.3 Теория развития карьеры

Теория развития карьеры - это всеобъемлющая основа, которая объясняет, как люди выбирают карьеру, адаптируются к условиям на рабочем месте и достигают роста и изменений в своей карьере. Он обеспечивает прочную теоретическую основу для профессиональной ориентации, образования и психологического консультирования, а также многомерную перспективу для людей, чтобы понять сложность планирования карьеры. Объединяя различные теоретические точки зрения, люди могут более эффективно реализовывать свои собственные ценности и цели в своей карьере. Ниже приводится классификация и обзор основных теорий развития карьеры:

2.3.1 Соответствие профессиональных интересов и индивидуальных интересов

Теория профессиональных интересов Холланда является одной из самых влиятельных теорий в исследованиях развития карьеры. Холланд предположил, что индивидуальный выбор карьеры тесно связан с его типом интересов и делит их на шесть типов: реалистичный, исследовательский, художественный, социальный, корпоративный и обычный. Благодаря глубокому пониманию типов интересов, люди могут лучше соответствовать выбору карьеры, тем самым повышая удовлетворенность карьерой и уровень успеха.

Теория Парсонса, в свою очередь, подчеркивает соответствие между индивидуальными характеристиками и профессиональной средой. Парсонс считает, что выбор карьеры должен основываться на всесторонней оценке индивидуальных способностей, интересов и ценностей, чтобы найти наиболее подходящий путь для карьеры. Эта теория подчеркивает ключевую роль самопознания в выборе карьеры.

2.3.2 Влияние социальной среды на развитие карьеры

Теория социально - когнитивной карьеры, предложенная Рентом, Брауном и Хэкеттом, подчеркивает влияние социальной среды на выбор и развитие карьеры. Теория утверждает, что индивидуальные карьерные решения сочетаются с множеством факторов, таких как чувство самоэффективности, ожидания результатов и социальная поддержка. Повышая самооценку, люди могут более активно противостоять профессиональным вызовам и выбору.

Теория построения карьеры Савикоса подчеркивает важность того, чтобы люди активно строили свою идентичность и карьерный путь в своей карьере. Теория утверждает, что люди, размышляя и описывая свой опыт, могут глубже понять карьерный рост и планировать его в соответствии с личными ценностями и целями.

2.3.3 Карьерный якорь и стратегии планирования карьеры

Теория карьерного якоря Шна указывает на то, что люди формируют некоторые основные ценности и убеждения в своей карьере, которые называются « карьерным якорем». Карьерные якори оказывают глубокое влияние на выбор карьеры и направление развития человека, который обычно принимает профессиональные решения под руководством этих якорей, чтобы сохранить стабильность своей карьеры.

Теория карьерной радуги Шубера через метафору карьерной радуги наглядно демонстрирует задачи профессионального развития, с которыми сталкиваются люди на разных этапах жизни. Теория подчеркивает, что карьерный рост - это динамичный процесс, в котором люди сталкиваются с различными профессиональными проблемами и вариантами на разных этапах своей жизни.

2.3.4 Уровни обучения и познания

Теория социального обучения Бандуры подчеркивает важность наблюдения и имитации в процессе обучения. По его мнению, люди могут учиться, наблюдая за поведением других людей и его последствиями, не испытывая их лично. Этот процесс обучения включает в себя четыре этапа: внимание, память, воспроизведение и мотивация. Кроме того, Бандура предложил интерактивный детерминизм, то есть взаимодействие между поведением, окружающей средой и познанием.

Теория познания Блума подчеркивает центральную роль познания в развитии карьеры. Теория делит цели обучения на различные уровни, помогая профориентации понять когнитивные потребности человека в профессиональном обучении и развитии. Эта теория обеспечивает четкую основу для профессионального образования и подготовки, подчеркивая постепенный переход от приобретения знаний к их применению.

2.3.5 Развитие карьеры и реагирование на кризисы

Теория задач развития Харви Хёрста подчеркивает важность задач развития, стоящих перед людьми на разных этапах их жизни. Эти задачи являются задачами и целями, которые необходимо преодолеть в процессе индивидуального роста, и благодаря успешному выполнению этих задач человек может расти и удовлетворяться в течение своей карьеры, способствуя тем самым психическому здоровью и социальной адаптации.

Теория профессионального кризиса, предложенная автором этой книги, фокусируется на кризисах и проблемах, с которыми люди могут столкнуться в своей карьере. Теория утверждает, что профессиональные кризисы являются неотъемлемой частью развития карьеры и что люди должны способствовать своему росту и трансформации, активно реагируя на кризисы. Профессиональный кризис обычно проходит через три этапа: исследование, адаптация и интеграция.

2.3.6 Другие важные теории развития карьеры

В дополнение к этим теориям, есть несколько важных теорий карьерного роста, таких как теория карьерного принятия решений Катца, двухфакторная теория Герцберга и теория экосистемы Брауна Фина Бреннера. Эти теории исследуют процессы и механизмы принятия решений в выборе карьеры с разных точек зрения с общей целью помочь людям глубже понять себя и свою профессиональную среду, с тем чтобы они могли принимать более обоснованные решения о выборе карьеры и развитии.

2.4 Основная теория карьеры

2.4.1 Формирование основной теории карьеры

Под глубоким наследием традиционной китайской культуры сочетание концепции планирования карьеры и теории развития карьеры дает нам совершенно новую перспективу для глубокого понимания развития карьеры человека. Опираясь на философскую сущность культуры Тай - Чи, эта книга инновационно предлагает основную теорию карьеры, в том числе теорию Тай - Чи карьеры и теорию слияния карьеры, заложив прочную теоретическую основу для продвижения карьерного обучения к независимой дисциплине.

Теория Тай - чи подчеркивает гармоничный симбиоз между карьерой и семьей. В этих теоретических рамках семья и профессия рассматриваются как инь и ян в Тай - чи, которые противостоят друг другу и взаимозависимы, демонстрируя глубокую диалектическую связь. Семья является не только гаванью и основой индивидуальной эмоциональной поддержки, но и важным источником формирования личных ценностей и взглядов на жизнь; Профессия, с другой стороны, предоставляет людям широкую сцену для самовыражения и реализации ценности. Они играют незаменимую роль в своих соответствующих областях и проникают и взаимодействуют друг с другом. Эта взаимозависимость ярко иллюстрируется на диаграмме « Тай - чи карьеры», в которой подчеркивается, что индивидуум должен искать баланс между карьерой и семьей для достижения всестороннего саморазвития.

Основываясь на теории карьерного Тай - Чи, мы ввели третий важный элемент - карьерное образование и далее выдвинули теорию карьерного слияния. Теория утверждает, что построение карьеры зависит от изменений и потребностей социальной среды, в то время как семейная карьера подчеркивает глубокое влияние семьи на личностный рост, в то время как карьерное образование обеспечивает развитие знаний и навыков, которые помогают людям находить баланс между карьерой и семьей и поддерживать высоту этого баланса. Карта интеграции карьеры (дерево карьеры) наглядно демонстрирует эту теорию, отражая взаимосвязь и синергию между карьерой, семьей и школой в развитии карьеры.

Основная теория карьеры - это не только наследование и развитие традиционной концепции планирования карьеры, но и совершенствование и сублимация теории развития карьеры, а также современная интерпретация глубокой коннотации тай - чи. Эта теория дает людям более всеобъемлющее и систематическое руководство по планированию карьеры в сложной и постоянно меняющейся социальной среде, помогая им достичь более высокого уровня гармонии и баланса в профессиональной и семейной жизни.

2.4.2 Теория Тай - чи карьеры

В столкновении классического и современного общения мы видим совершенно новое явление слияния. На этот раз мы объединили обширную и глубокую тай - полярную культуру с современной теорией развития карьеры, чтобы построить « теорию карьерного тай - чи » (см. Рисунок 2 - 1). Это не просто теоретическая основа, это искусство жизни, как семья и профессия дополняют друг друга и как сбалансировать их в реальной жизни.

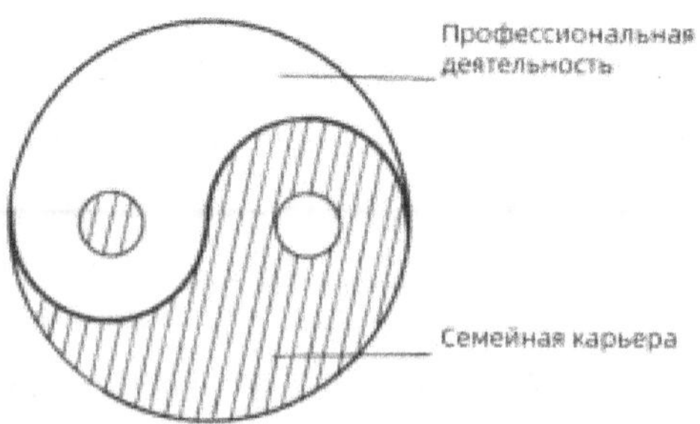

Рисунок 2-1 Тай - чи карьеры

(1) ТАЙ - ЧИ КАРЬЕРЫ: сочетание семьи и карьеры

В современных представлениях о карьере карьера больше фокусируется на роли человека в развитии карьеры, в то время как традиционная китайская культура всегда ставит семью в центр внимания. Тай - чи рисует образ черного и белого, инь и ян, точно демонстрируя гармоничное сосуществование семейной и профессиональной карьеры.

Семья и профессия, как инь и ян в Тай - чи, противостоят друг другу и взаимозависимы друг с другом, не имеют никакого значения, и каждый из них играет незаменимую роль в своей области. Семья обеспечивает индивидууму эмоциональную опору и основу для жизни, а профессия является ареной для достижения самооценки.

(2) Основы семейной карьеры, с карьерой сублимации

Если мы сравниваем нашу карьеру с травой, то семья - это ее корни, укорененные в почве и питающие траву; А профессия, как листья травы, процветает, крылья вверх. Черная часть диаграммы Тай - Чи, представляющая семейную карьеру, находится внизу и прочно поддерживает белую часть сверху, то есть нашу карьеру.

Семья - это наша отправная точка и наше убежище. Под покровительством семьи мы научились ладить с людьми, овладели навыками жизни и установили свои собственные ценности. И это именно то, что мы вступаем в рабочее место и становимся краеугольным камнем профессионалов.

(3) Различные определения карьеры

Для многих карьера означает работу, продвижение по службе, вознаграждение и чувство выполненного долга. Но в теории карьерного Тай - Чи мы имеем более широкую перспективу.

Подумайте о домохозяйке, работающей полный рабочий день, которая, возможно, никогда не была на официальном рабочем месте, но каждый день занята уходом за семьей и домашним хозяйством. В традиционных представлениях она может быть только частью « семьи », но в теории карьерного тай - чи ее семейная карьера и карьера полностью слились. Ведение домашнего хозяйства, забота о детях, управление семейным бюджетом... Все это ее "профессия". Ее роль в семье не сильно отличается от роли менеджера и лидера в бизнесе.

Теория карьерного Тай - Чи говорит нам, что карьера - это не просто работа в офисе, она в более широком смысле означает усилия, которые мы прилагаем для достижения определенной цели и удовлетворения определенной потребности.

(4) Выводы

Теория Тай - чи открывает нам новую перспективу, показывая, что семья и карьера - это не две отдельные части, а скорее слияние и взаимное подкрепление, как инь и ян на карте Тай - чи. Независимо от того, являемся ли мы сотрудниками на рабочем месте или домохозяйками, работающими полный рабочий день, мы можем найти свое место в теории Тай - Чи и понять нашу ценность.

Мы должны ценить семью, не отказываясь при этом от карьерных устремлений. Только найдя баланс между семьей и профессией, наша жизнь может быть такой же гармоничной и полной, как и Тай - Чи.

2.4.3 Теория слияния карьеры

Теория слияния карьеры, также известная как теория дерева карьеры, показывает взаимосвязь между карьерой, семейной карьерой и карьерным образованием в виде дерева.

На нашем жизненном пути мы сталкиваемся с множеством ролей и множеством вариантов. Из них карьера, семейная карьера и карьерное образование являются тремя столпами нашего карьерного планирования. Долгое время существовала тенденция рассматривать эти три области отдельно, но на самом деле они тесно связаны и взаимодействуют друг с другом. Чтобы лучше понять взаимосвязь между этими тремя понятиями, эта статья создаст новую теорию, основанную на теории карьерного тай - чи - теории карьерного слияния, и проиллюстрирует эти сложные, но упорядоченные отношения с изображением дерева.

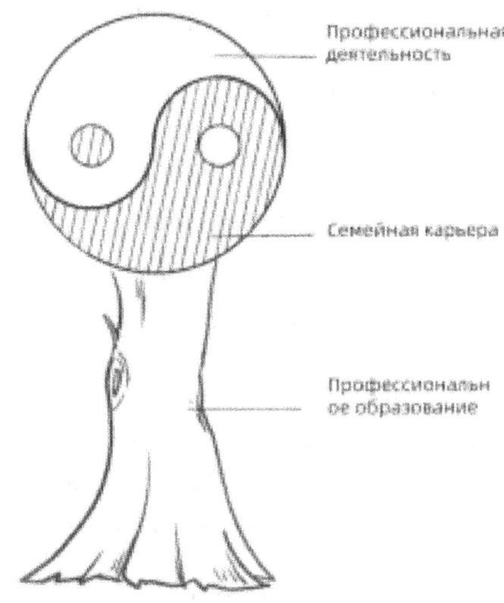

Рисунок 2 - 2, Карта слияния карьеры (Дерево карьеры)

(1) ТАЙ - ПОЛЯРНАЯ КАРТА карьеры и теория слияния карьеры

Тай - полярная карта карьеры используется для описания баланса между карьерой и семейной карьерой. На диаграмме Тай - чи карьеры профессия и семья подобны Инь и Ян с обеих сторон, они являются как противоположными, так и едиными и взаимодействуют друг с другом. Но ограничение Тай - полярной карты карьеры заключается в том, что она не включает в себя третий важный элемент - карьерное образование.

Именно поэтому возникла теория слияния карьеры. Он не только ориентирован на профессию и семью, но и включает в себя уровень школьного образования. В этой новой модели карьера проистекает из социальной перспективы, семейная карьера - из семейной перспективы, а карьерное образование - из школьной перспективы. Эти три аспекта являются взаимосвязанными и взаимодополняющими в социальном, семейном и школьном измерениях.

(2) Показать отношения между тремя людьми с изображением дерева

В теории слияния карьеры мы можем использовать образы деревьев, чтобы показать взаимосвязь между карьерой, семейной карьерой и карьерным образованием. В этой метафоре карьера и семейная жизнь похожи на крону большого дерева, а карьерное образование - на ствол дерева.

1) Крона деревьев: карьера и семейная карьера

Карьера и семейная карьера являются двумя важными аспектами жизни: карьера обеспечивает экономическую основу и социальную идентичность, а семейная карьера обеспечивает эмоциональную поддержку и личный рост. Они подобны кронам больших деревьев, которые сливаются с изображением тай - полярной карты.

2) Ствол дерева: карьерное образование

В качестве основного тела большого дерева ствол обеспечивает стабильность и питательность всего дерева. Аналогичным образом, карьерное образование дает людям базовые знания, навыки и ценности, которые определяют высоту, которую они могут достичь в своей карьере и семейной карьере. Без твердого ствола крона не может процветать.

3) Интеграция: достижения и ценность карьеры

Когда ствол достаточно прочный и высокий, крона наполняется, символизируя определенную степень гармонии и достижений человека в профессии и семье.

(3) Практика интеграции карьеры

Интеграция карьеры требует создания механизма взаимной поддержки и совместного использования ресурсов на трех уровнях: социальном, семейном и школьном.

1) Социальные аспекты: Правительствам и предприятиям необходимо предоставить больше возможностей для развития карьеры и профессиональной подготовки, а также более гибкий график и место работы, чтобы люди могли лучше сбалансировать свою карьеру и семью.

2) Семейный уровень: члены семьи должны поддерживать друг друга и совместно участвовать в принятии семейных решений, чтобы достичь гармонии в семье и профессии.

3) Школьный уровень: Школа должна обеспечивать всестороннее образование карьеры, включая планирование карьеры, межличностные отношения и личностный рост, чтобы развивать всесторонние способности учащихся.

(4) Выводы

Теория интеграции карьеры предлагает совершенно новый взгляд на понимание и практику взаимосвязи между карьерой, семейной карьерой и карьерным образованием. Через изображение большого дерева мы более интуитивно видим, как эти три взаимодействуют и взаимозависимы. Достижение интеграции карьеры требует не только индивидуальных усилий, но и всесторонней поддержки и сотрудничества со стороны общества, семьи и школы. Только таким образом мы сможем постоянно расти вверх, как это процветающее большое дерево, и в конечном итоге достичь полного достижения нашей жизни.

3. Планирование карьеры и управление карьерой

3.1 Концепция и осуществление планирования карьеры

3.1.1 Основные концепции планирования карьеры

Планирование карьеры - это систематическое и долгосрочное планирование и планирование карьеры и семейной жизни на основе собственных интересов, способностей и ценностей и с учетом факторов внешней среды. Этот процесс включает в себя множество аспектов, таких как постановка профессиональных целей, роль семьи, планирование образования и роста, и направлен на использование научных методов и стратегий, чтобы помочь людям достичь своих жизненных целей и достичь самооценки.

Планирование карьеры - это очень систематический процесс, реализация которого требует ряда ключевых шагов, таких как самоанализ, экологический анализ, постановка целей, планирование, а также реализация и корректировка. Чтобы повысить эффективность планирования, люди могут использовать множество вспомогательных инструментов. Благодаря тщательно спланированному пути карьеры человек может не только глубже понять себя, четко определить направление борьбы, но и повысить чувство социальной ответственности и постоянно улучшать свои личные способности и конкурентоспособность. Кроме того, индивидуальное планирование карьеры должно быть согласовано с управлением карьерой в организации, чтобы способствовать совместному росту отдельных лиц и организаций и работать вместе, чтобы создать беспроигрышное будущее.

3.1.2 Важность планирования карьеры

Планирование карьеры является важным инструментом саморегулирования, который помогает людям находить четкие ориентиры и цели в своей карьере и семейной жизни, чтобы достичь всестороннего развития личности. Как на рабочем месте, так и в семейной жизни планирование карьеры играет незаменимую роль, закладывая прочную основу для личного счастья и успеха.

Определение будущего направления : Планирование карьеры представляет собой четкий план будущего для людей с четкими целями и путями карьеры и жизни. Эта ясность, как компас, ведет людей через путаницу и повышает уверенность в себе и способность принимать решения.

Повышение эффективности действий: Благодаря хорошо продуманному плану действий люди могут более эффективно распределять время и ресурсы, избегать неэффективных попыток и обеспечивать быстрое развитие карьеры и управление семьей.

Содействие саморазвитию: планирование карьеры стимулирует людей к непрерывному самоанализу и обучению, не только профессиональные навыки могут быть усовершенствованы, но и общее качество и эмоциональный интеллект человека также улучшаются, закладывая прочную основу для всестороннего развития.

Повышение адаптивности: перед лицом быстрых социальных и экономических изменений планирование карьеры становится инструментом адаптации человека к изменениям. Регулярно оценивая и корректируя стратегии, люди могут гибко реагировать на проблемы на рабочем месте и изменения в семейной жизни.

Сбалансированная трудовая жизнь: планирование карьеры фокусируется не только на продвижении по службе, но и на семейном благополучии и личностном росте. Установив цель полного равновесия, человек может найти оптимальный баланс между занятостью и досугом и улучшить общее качество жизни.

Развитие социальной ответственности: при разработке карьерных планов люди часто учитывают социальные ценности и ответственность. Это глубоко укоренившееся чувство ответственности не только способствует личному росту, но и вносит вклад в гармонию и прогресс общества.

3.1.3 Шаги по осуществлению планирования карьеры

Планирование карьеры помогает людям определять свои жизненные цели и разрабатывать конкретные планы действий для их достижения, что является важным руководством и стимулом для развития карьеры. Этот процесс включает в себя, в частности, следующие основные этапы:

Самоисследование: первым шагом в индивидуальном планировании карьеры является понимание себя и выявление преимуществ и недостатков посредством глубокого анализа собственных интересов, способностей, ценностей и характера. Благодаря профессиональной оценке, психологическому тестированию и глубокому самоанализу, таким как изучение таких вопросов, как « какие области работы я люблю? » или « Каков мой идеальный образ жизни? », можно значительно улучшить самопознание.

Экологический анализ: индивидуумы должны изучать внешнюю среду, включая общую социальную среду и небольшие организационные среды. Это включает в себя динамику рынка труда, отраслевые тенденции, изменения социальных потребностей и индивидуальное семейное положение. Углубленный анализ этих факторов помогает людям более точно определять свое место в текущей среде и принимать более перспективные карьерные решения.

Цели устанавливаются: на основе результатов самооценки и экологического анализа индивидуумы должны четко устанавливать краткосрочные и долгосрочные цели. Эти цели должны быть конкретными, поддающимися количественной оценке и тесно связанными с индивидуальными ценностями и видением жизни. Например, карьерные цели могут быть связаны с продвижением по службе, переводом на другую работу или предпринимательством, в то время как семейные цели могут быть связаны с балансом между браком, воспитанием детей и семейными обязанностями.

Планирование: план действий является ключевым путем к достижению цели. Индивидуумы должны детально планировать каждый шаг и стратегию для достижения своих целей, включая образовательные и учебные программы, программы повышения квалификации, разработку путей развития карьеры и рациональную организацию семейных ролей. Планы действий ранжированы в зависимости от важности и срочности целей, обеспечивая приоритетное внимание и осуществление первоочередных целей.

Внедрение и корректировка: планирование карьеры - это непрерывный и динамичный процесс. В процессе реализации индивидуум должен регулярно оценивать прогресс и гибко корректировать план в соответствии с изменениями во внешней среде и потребностями личного роста. В то же время мы регулярно размышляем о результатах принятия решений, подытоживаем достижение целей, извлекаем уроки из успехов и недостатков и закладываем прочную основу для долгосрочного планирования на будущее.

3.2 Цели и стратегии управления карьерой

3.2.1 Основные понятия управления карьерой

Управление карьерой, в частности, управление карьерой на организационном уровне, представляет собой набор всесторонней поддержки, богатых ресурсов и возможностей для роста, которые организация тщательно спланировала и предоставила своим сотрудникам с целью одновременного содействия индивидуальному росту сотрудников и всестороннему развитию организации. Эта комплексная система управления включает в себя ряд ключевых стратегий, таких как планирование развития карьеры, создание возможностей для продвижения по службе, осуществление планов обучения и развития, создание механизмов оценки эффективности работы и обратной связи, а также создание системы ухода и поддержки персонала.

С помощью этих кропотливых мер организация не только внимательно следит за каждым шагом своих сотрудников на пути к карьере, но и уделяет особое внимание созданию моделей позитивного взаимодействия и сотрудничества с сотрудниками, стремясь к глубокому раскрытию и полному раскрытию внутреннего потенциала каждого сотрудника, тем самым эффективно способствуя непрерывному прогрессу в развитии людских ресурсов и управлении ими.

3.2.2 Основные цели управления карьерой

Цель управления карьерой заключается в том, чтобы помочь сотрудникам повысить свою удовлетворенность карьерой, повысить эффективность работы и углубить лояльность к организации, стремясь к достижению беспроигрышных результатов в интересах организации и личных карьерных достижений, заложив прочную основу для устойчивого развития организации.

Предоставляя разнообразные возможности для развития карьеры, необходимые учебные ресурсы и всестороннюю поддержку, организация может эффективно стимулировать внутренний потенциал сотрудников и способствовать их непрерывному росту и прогрессу. Эта стратегическая модель управления людскими ресурсами подчеркивает глубокую заинтересованность организации в развитии карьеры сотрудников и является важным способом повышения конкурентоспособности и привлекательности организации.

Столкнувшись с постоянными изменениями в социальной среде, управление карьерой открывает новые проблемы и возможности, которые требуют от менеджеров постоянных инноваций и постоянного совершенствования, чтобы сделать более решительные шаги на пути к общему процветанию организаций и отдельных лиц.

3.2.3 Ключевые стратегии управления карьерой

Планирование развития карьеры: Организация должна активно поощрять сотрудников к планированию индивидуальных карьерных путей, оснащению их необходимыми учебными ресурсами и системами поддержки. Это включает в себя оказание помощи сотрудникам в определении их профессиональных интересов, способностей и долгосрочных целей, а также в руководстве их точным планированием карьеры. Организация может регулярно проводить семинары по развитию карьеры и предоставлять персонализированное консультирование, которое позволяет сотрудникам углублять самосознание под руководством профессионалов.

Определение возможностей для продвижения по службе: Чтобы стимулировать мотивацию сотрудников, организации должны создать справедливые и прозрачные механизмы продвижения по службе, которые гарантируют равные возможности для продвижения по службе для каждого сотрудника. Установив четкие критерии продвижения по службе и регулярную оценку, сотрудники могут интуитивно почувствовать положительную связь между усилиями и результатами, тем самым повышая мотивацию работы. Кроме того, организации могут использовать механизмы вознаграждения для признания выдающихся сотрудников и дальнейшего укрепления их чувства принадлежности и лояльности.

Профессиональная подготовка и повышение квалификации: Организация должна регулярно организовывать внутреннее обучение и поощрять сотрудников к участию во внешних учебных курсах и курсах повышения квалификации, предоставляя богатые учебные ресурсы и наставничество. Это не только помогает сотрудникам повышать свои навыки и знания, но и повышает их профессиональную конкурентоспособность. Благодаря высококвалифицированным и индивидуальным программам обучения сотрудники могут сохранить конкурентные преимущества и расширить пространство для карьерного роста на быстро меняющемся рынке.

Оценка работы и обратная связь: регулярная оценка работы сотрудников и своевременная обратная связь являются ключевыми звеньями в содействии росту персонала. Организация должна создать систематическую систему служебной аттестации, которая поможет сотрудникам определить свои сильные стороны и направления улучшения, а также будет способствовать личному развитию карьеры. В то же время механизм обратной связи должен быть двусторонним и поощрять сотрудников к тому, чтобы они вносили ценный вклад в руководство, чтобы постоянно оптимизировать управленческие процессы.

Поддержка и забота о персонале: Организация должна уделять пристальное внимание потребностям и ожиданиям своих сотрудников и предоставлять полный спектр поддержки и заботы. Это включает в себя разработку политики, способствующей балансу между работой и личной жизнью, заботу о благополучии и здоровье сотрудников и построение гармоничных отношений между сотрудниками. Благодаря регулярным обследованиям удовлетворенности персонала и открытым каналам связи организация может своевременно понять потребности персонала и внести соответствующие коррективы и улучшения.

3.3 Оптимизация планирования карьеры и управления ею

3.3.1 Обзор системы карьерных наставников

Система карьерных наставников является важной практикой в области образования, профессионального развития и личностного роста. Эта система обеспечивает эффективную передачу знаний и опыта путем налаживания долгосрочного сотрудничества между старшими преподавателями и их получателями. Инструкторы не только передают профессиональные навыки, но и делятся жизненной мудростью, помогая людям достичь баланса и успеха в своей карьере и семейной жизни. Широкое применение этой системы обеспечивает прочную основу для всестороннего развития личности и способствует оптимизации планирования и управления карьерой.

Как эффективная система поддержки, система карьерных наставников лежит в основе долгосрочных отношений наставничества между опытными наставниками (включая профессиональных консультантов, старших преподавателей, отраслевую элиту и т.д.) и наставниками (например, новичками на рабочем месте, школьниками, членами семьи и т.д.). Преподаватели вносят всесторонний вклад в рост и прогресс своих участников в профессиональной и личной жизни, передавая опыт, предоставляя рекомендации, помогая в постановке целей и решении проблем.

3.3.2 Ценность системы карьерных наставников

Наставник предоставляет профессиональное руководство и всестороннюю поддержку: наставник с его профессиональными знаниями и практическим опытом, чтобы предоставить инструктору профессиональную навигацию, чтобы помочь ему адаптироваться к изменениям на рабочем месте, улучшить свои навыки и добиться продвижения по службе. Кроме того, наставники делятся жизненной мудростью, помогают подопечным решать семейные проблемы и способствуют гармоничному симбиозу семьи и карьеры.

Содействие личному росту и процветанию корпоративной культуры : Под руководством наставников инструкторы достигают самосовершенствования посредством обратной связи и рекомендаций, не только улучшаются профессиональные навыки, но и значительно улучшаются эмоциональный интеллект, коммуникативные способности и межличностные отношения. Для бизнеса система карьерного наставника может повысить удовлетворенность и лояльность сотрудников, уменьшить утечку мозгов, одновременно способствуя обмену знаниями и совместной работе, создавая позитивную и прогрессивную атмосферу корпоративной культуры.

Повышение уверенности в себе и мотивации для содействия социальному прогрессу : Поддержка и поощрение наставников дают наставникам мужество противостоять вызовам, вдохновляют их на достижение целей и преодоление препятствий. На более макроскопическом социальном уровне система карьерных наставников готовит необходимые кадры для общества и способствует экономическому и социальному развитию. В то же время он также создает более широкую сеть поддержки для отдельных лиц, укрепляя социальную сплоченность и дух взаимопомощи.

3.3.3 Стратегии внедрения системы карьерных наставников

Построение отношений наставник - наставник : В качестве старшего и преданного добровольца наставник работает с наставником, чтобы построить партнерство, основанное на доверии и активном взаимодействии. Наставники не только предоставляют ценную поддержку и советы, но и более открыто делятся своей карьерой, направляя наставников по пути роста.

Внедрение разнообразной поддержки наставничества: Наставники используют различные способы личного общения, регулярных дискуссий и обратной связи, а также предоставляют богатые ресурсы и информацию, чтобы помочь наставникам глубоко раскрыть свои интересы, ценности и возможности. Это помогает им исследовать подходящие карьерные пути и решать различные проблемы, возникающие в процессе развития карьеры.

Выполнение индивидуального индивидуального руководства: Учителя внимательно следят за уникальным потенциалом и преимуществами наставников и в полной мере используют их, предоставляя им индивидуальную поддержку и поощрение. Обе стороны совместно определяют индивидуальные цели развития и разрабатывают подробные планы их реализации, чтобы каждый шаг неуклонно продвигался к цели, помогая тем, кто направляется к самосовершенствованию.

Достижение многоуровневого и многоуровневого применения : Система карьерного наставника демонстрирует свою широкую прикладную ценность на всех уровнях образования, бизнеса и общества. В школах система карьерных наставников помогает студентам планировать свою будущую карьеру; На предприятиях система карьерных наставников способствует всестороннему повышению квалификации и профессиональной квалификации сотрудников; На социальном уровне система карьерных наставников помогает людям успешно решать проблемы, связанные с профессиональной трансформацией и социальными изменениями.

4. Профессиональное обучение и консультирование по вопросам карьеры

4.1 Концепция и практика карьерного образования

4.1.1 Концепция карьерного образования

Карьерное образование - это комплексная образовательная модель, которая помогает людям приобретать знания, навыки и способности, необходимые на всех этапах их карьеры, предлагая разнообразные образовательные мероприятия и услуги. Эта модель нацелена на развитие индивидуального самосознания, профессиональных способностей и комплексной грамотности, с тем чтобы они могли лучше адаптироваться к развитию общества и, таким образом, получать достижения и счастье в своей карьере и семейной жизни.

Карьерное образование подчеркивает тесную интеграцию процесса обучения с личным развитием, помогая студентам лучше адаптироваться к изменениям в их профессиональной среде. Он фокусируется не только на выборе и планировании карьеры студента, но и на построении и развитии семейной карьеры, а также на способности индивидуума адаптироваться и развивать свой потенциал в семейной роли. Благодаря этому всестороннему подходу к образованию карьерное образование направлено на содействие всестороннему и сбалансированному развитию и росту учащихся в двух основных областях профессиональной и семейной жизни.

4.1.2 Цели карьерного образования

Целью карьерного образования является развитие общей грамотности и способностей учащихся, чтобы помочь им лучше адаптироваться к меняющимся профессиональным и семейным обстоятельствам и, таким образом, реализовать ценность человеческой жизни. Эта образовательная концепция направлена не только на внутренний рост и самореализацию учащихся, но и на развитие их способности адаптироваться к социальным условиям и решать проблемы.

(1) Помощь студентам в научном планировании будущего

Карьерное образование помогает студентам выявлять и использовать свои сильные стороны и способности, чтобы определить направление обучения и карьеры. Благодаря планированию карьеры, студенты могут достичь внутренней гармонии ума, стремясь к счастливой и значимой жизни. Карьерное образование помогает студентам рационально планировать свое собственное обучение и карьерное развитие, устанавливать правильную концепцию занятости, тем самым закладывая прочную основу для их самореализации.

(2) Подготовка учащихся к адаптации к социальному развитию

Карьерное образование укрепляет способность студентов к самоуправлению, позволяя им эффективно решать различные жизненные проблемы, включая развитие карьеры и управление семейными обязанностями. Благодаря карьерному образованию студенты не только улучшают свои навыки управления карьерой и комплексные возможности трудоустройства, достигая полной занятости высокого качества, но и углубляют понимание общества, чтобы лучше адаптироваться к развитию и изменениям общества.

(3) Ведите студентов к счастливой жизни

Карьерное образование побуждает студентов проявлять творческий подход в процессе самореализации, активно исследовать и формировать жизненный путь, соответствующий их собственным ценностям. Карьерное образование не только учит студентов выбирать, учиться, учиться жизни и в конечном итоге достичь цели « счастливой жизни», но также развивает инициативу и дух перемен студентов, чтобы они могли адаптироваться к обществу, но и стать движущей силой социального прогресса и инноваций.

4.1.3 Практика карьерного образования

Методы карьерного образования являются гибкими и разнообразными и должны быть надлежащим образом отобраны и объединены в соответствии с потребностями развития студента, охватывая все аспекты планирования карьеры и управления семейной карьерой. Школы и учебные заведения должны разрабатывать эти методы с учетом реальных условий, а родители и социальные ресурсы должны оказывать всестороннюю поддержку росту и развитию учащихся.

(1) Исследования карьеры и информация

Предоставление информации о карьере: Следите за последними событиями и изменениями в отрасли, предоставляя людям всеобъемлющую и точную информацию о карьере и ресурсы. Это включает в себя профили карьеры, анализ рыночного спроса, изучение путей развития карьеры, а также подробное содержание работы и вознаграждение в различных профессиональных областях, чтобы помочь студентам глубоко понять текущее положение и тенденции на рынке труда.

Тест на профессиональные интересы: оценка личных интересов и профессиональных тенденций студентов с помощью профессиональных инструментов оценки карьеры. Основываясь на результатах тестирования, анализ соответствия интересов студентов их карьере помогает им определить свои личные предпочтения и определить подходящие области карьеры, тем самым закладывая прочную основу для планирования карьеры студентов.

Интервью с карьерой: Приглашайте успешных людей в отрасли и экспертов в области семейной жизни посетить кампус, чтобы поделиться своим ценным опытом и идеями, вдохновить студентов на глубокое мышление и активные исследования, чтобы помочь им принять более обоснованные решения на пути к учебе и жизни в будущем, а также создать более научный взгляд на жизнь и планирование карьеры.

(2) Планирование карьеры и инструменты

Цели устанавливаются: Содействовать всестороннему развитию студентов, направляя их на разработку четких карьерных и семейных целей, помогая им понять долгосрочное видение и разработать практические шаги по реализации. Этот процесс направлен на повышение уровня самосознания, способности планировать и реализовывать, а также на обеспечение того, чтобы учащиеся имели четкое чувство направления и цели в своем будущем учебном и жизненном пути.

Инструменты планирования: Обучая студентов использовать эффективные инструменты планирования карьеры и семьи, такие как индивидуальные планы развития и жизненные маршруты, чтобы помочь им систематически ориентироваться и планировать направление профессиональной и семейной жизни, побуждая студентов к глубокому мышлению о своем будущем, тем самым укрепляя способность к самостоятельному планированию и повышая вероятность достижения своих целей.

Соответствующие курсы: обучение студентов необходимым навыкам планирования карьеры путем организации курсов, связанных с планированием карьеры и семьи, и развитие базовых знаний и навыков, необходимых им для развития карьеры и семейной жизни. Эти курсы охватывают различные аспекты, такие как постановка целей, самомаркетинг и управление семейными обязанностями, и направлены на всестороннее повышение способности учащихся к самоуправлению и принятию решений.

(3) Развитие навыков и практика

Профессиональная этика и кодексы: Сосредоточьтесь на развитии у студентов знаний о профессиональной этике и профессиональных нормах, повышении их профессиональных норм и навыков межличностного общения. В то же время индивидуумам предоставляется полный спектр профессионально - технической подготовки, включая базовые навыки, профессиональные навыки и повышение профессиональной квалификации, для повышения их конкурентоспособности в сфере занятости и потенциала развития карьеры.

Практические возможности и опыт: Благодаря богатым практическим возможностям, таким как стажировки, практические тренинги и волонтерская деятельность, студенты получают ценный опыт работы, развивают профессиональные навыки и превращают теоретические знания в практические способности. В то же время студенты поощряются к участию в семейной деятельности, тем самым развивая хорошие навыки семейной жизни и еще больше повышая способность управлять семьей.

Обучение по повышению мягких навыков: развитие ключевых мягких навыков, таких как коммуникативные навыки, командный дух и навыки решения проблем, путем проведения разнообразных учебных курсов и семинаров. Студентам рекомендуется активно участвовать в междисциплинарной проектной практике, чтобы расширить свои горизонты и помочь им достичь более эффективного общения и сотрудничества в своей карьере и семейной жизни.

(4) Принятие решений и управление карьерой

Консультирование по вопросам принятия решений: Профессиональное консультирование по вопросам принятия решений и консультационные услуги, которые помогают студентам получить более полное представление о своих интересах, уровне компетентности и основных ценностях посредством общения с опытными консультантами, чтобы сделать более обоснованный выбор в отношении ключевых решений, таких как выбор должности, отраслевое позиционирование и распределение ролей в семье.

Система карьерного наставничества: Предоставление индивидуального руководства и поддержки студентам путем установления отношений наставничества между студентами и старшими практиками. Преподаватели не только дают студентам ценные советы по карьерным и семейным решениям, но и оказывают им психологическую поддержку, помогая им эффективно справляться со стрессами и проблемами в процессе роста.

Предоставление ресурсов для развития: это включает в себя обновленную информацию о рынке труда, совершенствование навыков поиска работы и т.д., чтобы помочь студентам лучше планировать и управлять своей карьерой. В то же время студентам рекомендуется активно расширять свои профессиональные сети и укреплять связи и обмены с отраслевыми экспертами, профессиональными наставниками и сетями поддержки семьи, тем самым открывая для них больше возможностей для развития.

4.2 Принципы и методы консультирования по вопросам карьеры

4.2.1 Основные принципы профессиональной ориентации

Принципы консультирования по вопросам карьеры представляют собой набор основных руководящих принципов, которые должны соблюдаться при консультировании и поддержке карьеры. Соблюдение этих принципов обеспечивает эффективность и надежность консультирования по вопросам карьеры, помогая людям достигать своих целей и добиваться успеха в профессиональной и семейной жизни. Вместе эти принципы образуют основу поддержки, которая способствует всестороннему развитию личности. Ниже приведены основные принципы профессиональной ориентации:

Уважение индивидуальных различий: каждый человек является уникальным индивидом со своими уникальными интересами, ценностями, способностями и жизненными целями. При консультировании по вопросам карьеры преподаватели должны руководствоваться основными принципами уважения, понимания и поддержки и вести учащихся к изучению и раскрытию своих интересов и потенциальных способностей. Учителя должны предлагать персонализированные программы наставничества, учитывающие специфические потребности и цели каждого ученика, а также разрабатывать уникальные стратегии консультирования и поддержки, учитывающие индивидуальный опыт и реалии студента.

Всеобъемлющий и систематический: Карьерное консультирование должно всесторонне учитывать различные измерения, такие как карьерное стремление, образовательный фон, семейная жизнь и социальные отношения, чтобы помочь человеку получить полное представление о себе, а затем понять общую картину развития карьеры и семейной жизни. Этот процесс фокусируется не только на профессиональном росте, но и на установлении и балансе общих жизненных целей человека, а также на создании систематического плана развития карьеры.

Автономия и ответственность: Консультирование по вопросам карьеры фокусируется на поощрении людей к углублению самосознания, помогая им точно понять свои профессиональные потребности и способность адаптироваться, чтобы сделать более обоснованный выбор. В рамках этого процесса наставничество по вопросам карьеры активно поощряет индивидуумов брать на себя ответственность за планирование и принятие решений и побуждает их проявлять субъективную инициативу. Роль наставника заключается в том, чтобы обеспечить необходимое руководство и поддержку, чтобы помочь людям неуклонно продвигаться вперед в процессе самопознания и принятия решений.

Непрерывность и адаптивность: Карьерное консультирование - это динамичный процесс, который проходит через индивидуальный рост и постоянно корректируется в соответствии с изменениями и развитием личности. Профессиональная и семейная жизнь динамична, и людям необходимо постоянно адаптироваться к новым условиям, технологиям и новым возможностям. Таким образом, наставничество по вопросам карьеры должно быть направлено на оказание долгосрочной и постоянной поддержки людям, помогая им успешно справляться с изменениями на всех этапах их профессиональной и семейной жизни и добиваться личного роста и развития.

Конфиденциальность и легитимность: Консультирование по вопросам карьеры должно придерживаться принципа конфиденциальности и обеспечивать надлежащую защиту частной жизни и прав человека. При консультировании и руководстве консультанты должны строго соблюдать соответствующие законы и правила и поддерживать объективное, беспристрастное и ответственное отношение. Это делается для того, чтобы гарантировать легитимность и этичность процесса консультирования, избегая при этом излишне субъективных оценок или рекомендаций в отношении отдельных лиц.

4.2.2 Коммуникационные навыки консультирования по вопросам карьеры

Коммуникационные навыки являются важным инструментом для людей, чтобы эффективно передавать информацию и мнения и эффективно общаться. Это не только помогает установить прочные отношения сотрудничества между наставниками и отдельными лицами, но и углубляет взаимопонимание и доверие между двумя сторонами, тем самым закладывая прочную основу для успешного развития карьеры. Обычными навыками общения являются:

Искренность и уважение : Краеугольным камнем карьерного консультирования является искренность и уважение. Консультанты должны соблюдать профессиональную этику, искренне прислушиваться к индивидуальным потребностям, целям и проблемам, проявлять глубокую заботу и понимание. Внимательно слушая и задавая правильные вопросы, наставник передает внимание к человеку. В то же время мы должны уважать индивидуальный выбор и принятие решений, искренне и конкретно выдвигать предложения, избегать навязывания личных предпочтений или предустановленных идей другим и помогать людям в развитии карьеры.

Слушать и понимать Слушать - это основа общения, источник понимания. Когда человек выражает свои мысли, потребности и эмоции, наставник должен внимательно слушать и стараться понять точку зрения, чувства и намерения человека. В то же время, обратите внимание на невербальные выражения индивида, такие как выражение лица, физические жесты и зрительное общение, эти невербальные сигналы могут предоставить ценную информацию, чтобы помочь наставнику полностью понять истинное эмоциональное состояние индивида.

Задавать вопросы и стимулировать мышление : Задавать вопросы - это ключевой способ направлять людей к глубокому мышлению и исследованию. Тщательные вопросы могут стимулировать индивидуальную инициативу и желание исследовать, помогая ему лучше планировать и развивать свою карьеру. Вопросы открытости побуждают людей к глубокому мышлению и выражению своих мнений, в то время как вопросы ориентации могут направлять их к мышлению в определенном направлении. В ходе этого процесса наставники всегда должны быть открыты и уважительны, проявлять уверенность и поддержку.

Четкое выражение и интерпретация : Консультанты должны выражать свои мнения и предложения ясным и кратким языком, избегая двусмысленности. Когда дело доходит до профессиональных терминов или сложных понятий, они должны быть надлежащим образом интерпретированы, чтобы убедиться, что индивидуум может понять. Для того чтобы лучше сформулировать точку зрения, можно было бы использовать конкретные примеры, которые помогли бы индивидуумам увязать свою точку зрения с собственным опытом. Для сложных точек зрения или процессов их можно разделить на простые содержимое или шаги, чтобы люди могли лучше следовать идеям объяснения.

Поощрение и утверждение : Консультирование по вопросам карьеры должно быть сосредоточено на поощрении и утверждении личности, стимулировать ее уверенность и мотивацию, чтобы помочь людям лучше справляться с вызовами. Поддержка и признание со стороны наставников побуждают людей более активно участвовать, охотно делиться и исследовать. Консультанты должны поощрять людей к тому, чтобы они экспериментировали с новыми идеями, а также к своевременному признанию и похвале, когда они достигают прогресса. В то же время, направляйте людей развивать позитивный образ мышления, учиться находить проблемы и активно искать решения.

Надлежащий обмен собственным опытом : Надлежащий обмен своим опытом в процессе консультирования по вопросам карьеры имеет решающее значение для установления контактов и взаимодействия с людьми. При осуществлении необходимо учитывать, что обмен опытом должен быть связан с индивидуальными целями и ситуациями. В то же время следует проявлять осторожность в отношении конфиденциальности личности, обеспечивая, чтобы она не включала конфиденциальную информацию или контент, который может нарушать законы и правила. Кроме того, важное значение имеет выбор времени, и следует избегать преждевременного или слишком частого обмена личным опытом.

Направление и обратная связь: Консультанты должны играть роль наставников, помогая людям думать и разрабатывать планы действий. Обращаясь к индивидуальным взглядам, прогрессу и решениям, консультанты могут помочь людям в самооценке и коррекции. В то же время, отслеживать прогресс индивидуального профессионального развития и своевременно давать объективное, конкретное и конструктивное руководство, чтобы помочь человеку понять свои преимущества и направление улучшения. При этом следует избегать введения в заблуждение или сокрытия информации, с тем чтобы создать достаточное доверие.

4.3 Синергия между карьерным образованием и наставничеством

4.3.1 Связь между карьерным образованием и консультированием

Карьерное образование и консультирование по вопросам карьеры являются важными стратегиями, которые помогают людям преодолевать различные этапы своей карьеры и достигать всестороннего развития. Создавая систематическую образовательную базу и предлагая индивидуальные консультационные услуги, они способствуют осознанию карьеры, стимулируют профессиональные интересы и передают основные навыки управления карьерой. Этот процесс не только углубляет индивидуальное восприятие себя, но и повышает их способность принимать обоснованные карьерные решения, позволяя им более спокойно реагировать на вызовы и изменения в развитии карьеры. Они дополняют друг друга и вместе обеспечивают мощный импульс для роста и развития личности.

С точки зрения содержания, карьерное образование - это широкий и глубокий систематический процесс, направленный на содействие всестороннему развитию личности в качестве конечной цели. Предоставляя богатые знания, навыки и информацию, карьерное образование помогает людям глубоко исследовать себя, постепенно устанавливать четкое чувство карьеры и развивать способность самостоятельно принимать решения. С другой стороны, карьерное консультирование основано на этом, уделяя больше внимания уникальным потребностям и реалиям отдельных людей, адаптированных к программам поддержки и рекомендациям для каждого человека, чтобы помочь им сделать наиболее подходящий выбор в конкретной ситуации.

Формально, карьерное образование фокусируется на всестороннем развитии знаний и способностей на протяжении всей жизни человека и подходит для широкого круга групп, включая студентов, новичков на рабочем месте и так далее. Карьерное образование обычно принимает различные формы, такие как преподавание в классе, тематические лекции и т. Д. Подчеркивая систематическую передачу знаний и практическое развитие навыков. Напротив, консультирование по вопросам карьеры уделяет больше внимания глубокому пониманию индивидуальных ситуаций и индивидуальным вмешательствам, особенно для тех, кто сталкивается с конкретными проблемами, такими как карьерные преобразования и путаница. Консультирование по вопросам карьеры в основном осуществляется в форме индивидуального или группового консультирования с упором на глубокое общение и взаимодействие с людьми, чтобы обеспечить более точное и эффективное руководство.

Благодаря систематическому и ориентированному на перспективу обучению и наставничеству, способность людей адаптироваться на рабочем месте и в жизни значительно улучшилась. Это не только создает прочную основу для их успеха в карьере, но и способствует их всестороннему и самостоятельному развитию, что позволяет им лучше реализовывать свою самооценку и социальный вклад.

4.3.2 Оптимизация профессионального образования и наставничества

В современном конкурентном обществе, быстро меняющемся рынке поиска работы, потребность в карьерном образовании и консультировании становится все более актуальной, уделяя внимание не только развитию карьеры, но и многим аспектам семейной карьеры. Придерживаясь концепции всестороннего развития человека, обучение и консультирование помогают людям глубоко исследовать свои интересы и способности, выявлять разнообразные возможности для карьеры и разрабатывать персонализированные планы карьеры посредством разнообразных мероприятий и проектов.

(1) Систематическое внедрение образования в области школьной карьеры

Преподаватели и школы должны работать вместе, чтобы создать систематические механизмы обучения и наставничества для обеспечения того, чтобы каждый ученик имел доступ к эффективному профессиональному обучению. Это включает в себя организацию курсов карьерного обучения, предоставление услуг по консультированию и консультированию по вопросам карьеры, создание стажировок и практических возможностей, направленных на оказание всесторонней помощи учащимся в понимании себя, изучении профессиональных и семейных ролей и разработке комплексных планов карьеры. Благодаря интерактивным методам обучения, таким как групповые дискуссии, ролевые игры и тематический анализ, учащиеся могут лучше понимать и осваивать соответствующие знания, чтобы быть полностью подготовлены к будущей карьере и семейной жизни.

(2) Достижение сбалансированного развития карьеры и жизни

Персонализированное консультирование и консультирование по вопросам карьеры как профессиональная услуга, призванная помочь людям получить полное представление о своих интересах, ценностях и возможностях посредством углубленного общения и сотрудничества с консультантами, чтобы исследовать наиболее подходящие варианты карьеры и семейные роли. Таким образом, люди могут принимать более обоснованные решения в профессиональной и семейной жизни, достигая гармоничного баланса между личными ценностями и жизненными целями.

(3) Содействие осуществлению проектов в области образования в целях диверсификации карьеры

Программа карьерного обучения - это служба профессионального обучения и наставничества, адаптированная к конкретным группам. Например, проекты профессиональной подготовки, ориентированные на безработных, предусматривают не только профессионально - техническую подготовку для расширения их выбора профессии, но и услуги по профессиональной ориентации, которые помогают им сохранять позитивный настрой и плавный переход в период безработицы. В то же время мероприятия по профессиональному опыту, разработанные для подростков, также позволяют им лично ощущать различные профессиональные и семейные роли посредством стажировок, интервью и других средств, повышать профессиональную осведомленность и еще больше уточнять свои профессиональные интересы и цели семейной жизни.

(4) Методы консультирования по вопросам карьеры и применение инструментов

Методы консультирования по вопросам карьеры являются конкретными методами и инструментами содействия развитию индивидуальной карьеры. Инструменты для оценки карьеры помогают студентам лучше понять свой характер, интересы и ценности и обеспечивают прочную основу для определения целей карьеры; С другой стороны, инструменты планирования карьеры помогают студентам, направляя и поддерживая их, превращать цели карьеры в практические планы действий, которые определяют направление и конкретные шаги, чтобы помочь им добиться успеха в своей карьере и семейной жизни.

5. Консультирование по вопросам карьеры и оценка карьеры

———

5.1 Тестирование и оценка профессиональных интересов

5.1.1 Обзор тестирования и оценки профессиональных интересов

Тестирование и оценка профессиональных интересов с помощью серии тщательно разработанных тестов и вопросников оценивает интенсивность и склонность людей к различным профессиям, помогая им понять свои предпочтения и адаптации в различных профессиональных областях. В зависимости от используемого метода тестирования и теоретической основы, лежащей в его основе, тест профессиональных интересов можно разделить на следующие категории:

Комплексные тесты: такие тесты предназначены для всесторонней оценки широты и глубины индивидуальных интересов в различных профессиях. Как правило, они сочетают в себе различные инструменты, такие как опросники по профессиональным интересам, опросы по профессиональным ценностям и оценки профессиональной удовлетворенности, чтобы предоставить испытуемым более полное и точное руководство по выбору карьеры путем многомерного анализа индивидуальных тенденций интереса.

Тестирование в конкретной области: Тест на специфичность фокусируется на оценке интересов в конкретной профессиональной области. Например, тесты на медицинские интересы, тесты на склонность к работе с инженерами и т. Д. Такие тесты позволяют получить более точные рекомендации по развитию карьеры с помощью специально разработанных тестов и вопросников, тесно связанных с конкретной профессией, для углубленного изучения индивидуальных интересов и адаптационных способностей в этой области.

Профессионально - ориентированные тесты: Профессионально - ориентированные тесты в основном фокусируются на предпочтениях и предпочтениях людей в процессе выбора карьеры. Такие тесты обычно используют психологические тесты и анкеты, связанные с выбором карьеры, такие как тест Холланда на профессиональные интересы. Анализируя предпочтения людей по отношению к различным типам профессий, мы помогаем им найти более подходящие карьерные пути.

5.1.2 Методы тестирования профессиональных интересов

Тестирование профессиональных интересов может проводиться с помощью различных методов, включая самооценку, наблюдение, собеседование и психологические тесты. Выбор правильного метода помогает повысить точность и надежность результатов испытаний.

Метод самооценки: Как наиболее распространенный метод тестирования профессиональных интересов, метод самооценки требует от людей самооценки уровня интереса и предпочтений к различным профессиям путем заполнения анкеты по профессиональным интересам. Этот метод прост в эксплуатации, экономичен и позволяет быстро собирать большие объемы данных. Тем не менее, следует отметить, что метод самооценки уязвим для субъективного сознания и способности к самопознанию отдельных лиц, и результаты тестов могут иметь определенные субъективные отклонения.

Метод наблюдения: Метод наблюдения - это оценка профессиональных интересов человека путем тщательного наблюдения за его поведением в реальной профессиональной среде. Этот метод позволяет объективно оценить индивидуальные интересы и адаптацию, но его реализация требует больших затрат времени и ресурсов, а результаты оценки могут быть нарушены экологическими факторами.

Метод проведения собеседований: метод проведения собеседований представляет собой углубленное ознакомление с интересами и взглядами отдельных лиц в отношении различных профессий на основе углубленных интерактивных собеседований. Этот метод позволяет получить более подробную информацию и личные мысли, но требует от интервьюера профессиональных навыков и более длительных интервью. В то же время на индивидуума может влиять отношение интервьюера или то, как он задает вопросы, вызывая определенные отклонения.

Психологический тест: Психологический тест - это объективная оценка профессиональных интересов человека с использованием конкретных инструментов и вопросников психологического тестирования. Этот метод позволяет точно оценить индивидуальные предпочтения и обладает высокой степенью достоверности и эффективности. Обычными инструментами тестирования профессиональных интересов являются Holland Professional Interest Test и MBTI Professional Persons Test.

5.1.3 Инструменты тестирования профессиональных интересов

Тестирование профессиональных интересов может проводиться либо под профессиональным руководством карьерного консультанта или карьерного консультанта, либо самостоятельно через веб - платформу. Наиболее распространенными инструментами проверки и оценки профессиональных интересов являются:

Вопросники по профессиональным интересам: такие вопросники служат ценным справочным материалом для выбора карьеры и планирования карьеры, разрабатывая ряд вопросов, которые позволяют понять, насколько глубоко люди интересуются различными областями карьеры. В качестве примера можно привести тест Холланда на профессиональные интересы, который не только точно связывает личные интересы с шестью типами профессий, помогая людям четко определить свои профессиональные интересы и потенциальные направления карьеры, но и дает список профессий, тесно связанных с каждым типом, а также рекомендации по обучению и развитию, которые закладывают прочный фундамент для индивидуального пути развития карьеры.

Тесты на профессиональные ценности: Эти тесты предназначены для того, чтобы помочь людям определить факторы, которые больше всего ценятся в выборе карьеры, такие как автономия, сложность, социальный вклад и т. д., А затем глубоко понять свои уникальные предпочтения в профессиональной среде и содержании работы. Типичным представителем является шкала профессиональных ценностей (WVI), которая умело делит профессиональные ценности на три измерения: внутренние ценности, внешние ценности и внешние вознаграждения. С помощью измерений люди могут четко понимать свою ранжирование важности различных характеристик работы, тем самым более точно разъясняя свои профессиональные ценности и указывая направление планирования карьеры и роста.

Оценка профессионального характера: Эта оценка вводит важную информацию в планирование карьеры путем углубленного анализа личных качеств человека, включая тип характера, преимущества и недостатки, чтобы точно определить подходящий тип карьеры. Например, личность девятого типа, как тонкий инструмент анализа характера, очищает личность до девяти типов, каждый из которых имеет свой уникальный стиль личности, включая идеальный, помогающий, трудолюбивый, художественный, интеллектуальный, лояльный, радостный, лидерский и мирный, который помогает человеку глубоко понять свой образ мышления, эмоциональные реакции и модели поведения, открывая новую перспективу для личного совершенствования и самосовершенствования.

5.2 Оценка профессиональных способностей и потенциала

5.2.1 Обзор профессиональных качеств и возможностей

Основная цель оценки профессиональных способностей и потенциала заключается в том, чтобы помочь людям получить полное представление о своих способностях и потенциале будущего развития, а также обеспечить надежную информационную поддержку для консультирования по вопросам планирования карьеры. Его значение проявляется, в частности, в следующем:

Углубление самопознания: оценка профессиональных способностей и потенциала является эффективным способом для людей, чтобы глубоко понять свои навыки и потенциал и является краеугольным камнем развития карьеры. Это не только помогает людям четко определить свою профессиональную ориентацию, но и закладывает прочную основу для долгосрочного планирования карьеры.

Точное профессиональное соответствие: благодаря оценке люди могут более эффективно сопоставлять свои способности с рыночными потребностями, тем самым выбирая наиболее подходящий путь карьеры. Этот процесс помогает избежать профессионального выгорания или разочарования, вызванного несоответствием способностей и профессии, и позволяет людям получать больше достижений и удовлетворения на работе.

Четкое планирование развития: результаты оценки дают четкое представление о развитии личности и направляют ее на установление краткосрочных и долгосрочных целей развития карьеры. Благодаря этим четким целям люди могут более целенаправленно планировать свои действия и стимулировать дальнейшую мотивацию на пути к карьерному росту.

Повышение конкурентоспособности: Основываясь на глубоком понимании своих способностей и потенциала, человек может точно определить свои сильные стороны и недостатки и, соответственно, провести целенаправленное повышение квалификации и обучение, чтобы повысить конкурентоспособность на рабочем месте, лучше адаптироваться к изменениям на рабочем месте и достичь более высоких профессиональных достижений.

5.2.2 Инструменты оценки профессиональных качеств и потенциала

Инструменты оценки профессиональных способностей и потенциала являются ключевыми инструментами, используемыми для измерения уровня отдельных лиц с точки зрения различных навыков, способностей и личностей, а также для изучения их потенциала для будущего развития, и являются основным элементом консультационных услуг по вопросам карьеры. Ниже представлены несколько широко используемых инструментов оценки профессиональных качеств и потенциала, а также их применение в консультировании по вопросам карьеры.

Тест профессиональной компетентности: Тест профессиональной компетентности - это оценка уровня компетентности, необходимого индивидууму в различных профессиональных областях, путем тестирования различных задач и навыков. Например, набор тестов общей склонности к компетентности (GATB), Состоит из 15 тестов, 11 из которых являются бумажными и перьевыми, а остальные 4 - оперативными тестами. Эти тесты позволяют определить девять тенденций способностей, включая способность к обучению, языковые навыки, математические способности и т. Д. Результаты GATB широко используются в практической профессиональной ориентации и кадровой работе, помогая оценить, подходит ли человек для определенной профессии, и предсказать, чего человек может достичь в будущем в учебе и работе.

Комплексная оценка потенциала: комплексная оценка потенциала представляет собой многомерный и систематический метод оценки, используемый для всесторонней оценки общего качества и уровня компетентности отдельных лиц. Например, оценка дифференциальной компетентности (DAT) - это многофункциональный тест на склонность, который измеряет различные аспекты способности с помощью множественных тестов различного характера для всесторонней оценки индивидуальных способностей. DAT состоит из восьми тестов, каждый из которых независимо измеряет различные склонности к способностям. Результаты тестов составляются в виде профилей, которые наглядно показывают уровень различных склонностей индивидуума к способностям. DAT имеет как диагностические, так и прогнозные функции, предназначенные для изучения профилей структуры испытуемых способностей и обеспечения основы для обучения и профессиональной ориентации.

Тестирование потенциала: Тестирование потенциала - это инструмент психологической оценки для оценки потенциальных способностей человека и его потенциала для будущего развития. Измеряя индивидуальные навыки, знания, отношения и поведение, помогая людям осознать свои сильные и слабые стороны, чтобы лучше планировать свое профессиональное и личностное развитие. Например, ситуационный тест потенциала (SJTP) - объективная оценка структуры потенциала индивида из четырех измерений, 24 элементов потенциала, включая IQ, ситуативный, обратный и лидерский, с помощью подхода к конкретной ситуации или проблеме. SJTP является аналоговым тестом, который сочетает в себе преимущества традиционных тестов на бумаге и ручке и ситуационных технологий и имеет сильную целенаправленность, чтобы хорошо прогнозировать фактическое поведение человека на работе.

Тест на интеллект: Тест на интеллект помогает человеку раскрыть свой потенциальный интеллект и способность к обучению, оценивая уровень интеллекта и когнитивные способности человека. Например, шкала интеллекта Стэнфорда - Бине неоднократно пересматривалась и в настоящее время является одним из стандартных тестов, широко распространенных в мире. Тесты проводятся индивидуально, обычно не более 30 - 90 минут. Процедура начинается с группы, которая немного ниже фактического возраста испытуемого, и корректирует возрастную группу в соответствии с ситуацией прохождения до определения « базового возраста» и « верхнего возраста» для оценки умственного возраста. Эта шкала имеет подробные инструкции по измерению и подсчету и стандартизирована в соответствии со строгими правилами. С помощью теста на интеллект человек может узнать свой уровень интеллекта и дать ссылку на обучение и карьерный рост.

5.2.3 Недостатки оценки профессиональных способностей и потенциала

Инструменты оценки профессиональных способностей и потенциала играют важную роль в консультировании по вопросам карьеры. С помощью оценки компетентности человек может понять уровень своих навыков во всех областях и обеспечить прочную основу для выбора карьеры и пути роста. С другой стороны, оценка потенциала, как свет, освещает неиспользованный потенциал человека, добавляя ценную ссылку на планирование карьеры. Вместе с тем следует отметить, что эти инструменты оценки служат лишь справочными материалами и ориентирами и не позволяют на основе одних лишь выводов определить индивидуальные возможности и будущие траектории развития.

На практике консультанты должны выбирать подходящие инструменты оценки в соответствии с индивидуальными обстоятельствами и в сочетании с другими методами и методами консультирования для предоставления всестороннего и многомерного консультирования по вопросам карьеры. Инструменты оценки потенциала и потенциала должны быть тесно интегрированы с тщательными наблюдениями, богатым опытом и профессиональным руководством для обеспечения полноты и точности результатов оценки. Такой комплексный подход не только позволяет лучше понять индивидуальные качества и потребности, но и дает более точные и эффективные советы и поддержку для развития карьеры.

5.3 Планирование карьеры и оценка развития карьеры

5.3.1 Обзор оценки планирования карьеры и развития карьеры

Оценка планирования карьеры и развития карьеры использует ряд системных инструментов и методов, которые помогают людям достичь целей самопознания и саморазвития в своей карьере и семейной жизни, обеспечивая всеобъемлющую и углубленную перспективу консультирования по вопросам карьеры. Ее важность находит широкое отражение в таких ключевых аспектах, как развитие карьеры, гармоничная семейная жизнь, устойчивый личностный рост и социальная адаптация.

Углубление самопознания: инструменты оценки помогают людям глубоко раскрыть свои интересы, уровень способностей, основные ценности и индивидуальные качества. Этот процесс самопознания имеет важное значение для выбора профессионального пути и баланса семейной жизни, позволяя людям более точно определять свои сильные и слабые стороны и принимать более обоснованные решения.

Расширение возможностей в области принятия решений: данные и обратная связь, получаемые с помощью инструментов оценки, служат научной основой для принятия отдельными лицами важных решений, таких как выбор карьеры, повышение квалификации и планирование семьи. Такое расширение возможностей принятия решений позволяет людям более спокойно реагировать на вызовы и эффективно снижать неопределенность в процессе принятия решений перед лицом сложных и постоянно меняющихся условий.

Содействие личному росту: Оценка планирования карьеры и развития карьеры фокусируется не только на текущем профессиональном статусе человека, но и на стимулировании его к долгосрочному самосовершенствованию и обучению. Благодаря точному выявлению потенциальных способностей и потребностей человека в развитии, он может помочь ему разработать практический план роста, улучшить общее качество человека и полностью подготовиться к будущим изменениям.

Содействие организационному развитию: оценка не только полезна для отдельных лиц, но и дает организациям и обществу важную справочную информацию. Благодаря глубокому пониманию требований карьерного роста сотрудников и реальной ситуации в семье, организация может разработать более точную и эффективную стратегию управления людскими ресурсами, которая не только повышает удовлетворенность и лояльность сотрудников, но и способствует прогрессу организации на макроуровне.

Повышение качества жизни: Планирование карьеры с учетом профессиональных и семейных факторов имеет решающее значение для достижения более высокого уровня качества жизни. Благодаря разумному планированию карьеры человек может найти идеальный баланс между карьерными достижениями и семейным счастьем, тем самым повышая удовлетворенность и благополучие своей жизни в целом.

5.3.2 Инструменты планирования карьеры и оценки развития карьеры

Инструменты для планирования карьеры и оценки развития карьеры помогают людям осознать себя и дают целевые рекомендации и рекомендации, которые помогают людям достичь двойных целей карьеры и жизни. Эти инструменты могут эффективно помочь людям определить свои профессиональные интересы, личные качества и другие важные факторы, тесно связанные с развитием карьеры. Наиболее распространенными инструментами планирования карьеры и оценки развития карьеры являются:

Инструменты оценки планирования карьеры: эти инструменты являются важными инструментами, помогающими людям осознать себя, определить свою карьеру и установить свои цели. Например, SWOT Analytics - это широко используемый инструмент планирования карьеры, который помогает людям получить более полное представление о своем профессиональном положении, определить направление и цели развития и сформулировать реалистичное планирование карьеры, проводя всеобъемлющий и систематический анализ преимуществ, недостатков, возможностей и угроз индивидуального или профессионального выбора. В то же время анализ SWOT может помочь организациям оценить свою конкурентоспособность и положение на рынке, обеспечивая надежную поддержку для принятия стратегических решений.

Инструменты для оценки личностных качеств: Эти инструменты используются для оценки индивидуальных характеристик и типов личности, помогают людям определить подходящие варианты карьеры и рассмотреть, как эти варианты влияют на семейную жизнь и межличностные отношения. Например, индикатор типа Майлса - Бриггса (MBTI) предлагает теорию типов личности в четырех измерениях, включая направление внимания, когнитивный образ, образ суждения и образ жизни, каждое из которых имеет два направления, в общей сложности восемь аспектов, которые в сочетании составляют шестнадцать типов личности. MBTI широко используется в различных областях, таких как бизнес, военные и образовательные, и играет хорошую стимулирующую роль в повседневном социальном, профессиональном выборе и эмоциональном общении людей.

Инструменты оценки карьерных решений: Эти инструменты являются важным подспорьем в планировании карьеры и принятии решений, а также помогают людям находить баланс между семьей и карьерой и принимать решения, которые в большей степени соответствуют общим жизненным целям человека. Например, балансировка карьерных решений помогает людям принимать более обоснованные решения, систематически анализируя каждый возможный вариант, оценивая плюсы и минусы реализации каждого варианта и устанавливая приоритеты каждого варианта на основе взвешенных оценок. Баланс карьерных решений помогает людям более четко осознать преимущества и недостатки различных вариантов количественно, чтобы принимать решения, которые в большей степени соответствуют их ожиданиям и интересам.

5.3.3 Недостатки планирования карьеры и оценки развития карьеры

Инструменты планирования карьеры и оценки развития карьеры являются важным подспорьем для отдельных людей в их стремлении к карьерным целям и карьерному росту. Этот процесс оценки не только фокусируется на профессиональных интересах и навыках отдельных людей, но и углубляется во многие аспекты их ценностей, видения жизни и семейных обязанностей. Для обеспечения более полной и точной обратной связи результаты оценки следует интерпретировать совместно с профессиональными консультантами по вопросам карьеры или психологами.

Следует отметить, что инструменты оценки следует рассматривать в качестве дополнительного справочного ресурса. Принимая карьерные решения, люди также должны учитывать множество факторов, таких как личный опыт, спрос на рынке труда и социальный фон. Поэтому поддержание объективной и всеобъемлющей перспективы и использование результатов оценки в качестве важной ссылки, а не единственной основы для принятия решений, имеет решающее значение для индивидуума.

6. Планирование и развитие карьеры

6.1 Обзор планирования карьеры

6.1.1 Концепция планирования карьеры

Планирование карьеры - это целенаправленный, плановый процесс управления и планирования, который индивидуум проводит для своего профессионального развития, который включает в себя глубокое понимание индивидуальных способностей, интересов, ценностей, а также полное понимание и адаптацию к внешней профессиональной среде. Благодаря этому процессу люди могут более эффективно достигать своих карьерных целей, повышать свою профессиональную конкурентоспособность и, следовательно, достигать удовлетворительного пути развития карьеры.

В основе планирования карьеры лежит глубокое индивидуальное понимание себя и четкое планирование профессионального пути. Для этого индивидуумы должны провести самооценку, чтобы обеспечить точную стыковку своих характеристик с потребностями профессионального рынка. На начальном этапе карьерного роста ведется обширный сбор информации о различных профессиях и углубленный анализ условий доступа и потенциала роста для различных профессий. Затем индивидуум должен установить четкие и конкретные профессиональные цели и разработать подробный план развития карьеры вокруг этих целей. План должен содержать подробные руководящие принципы действий, четкие временные рамки и поддающиеся количественной оценке показатели для обеспечения того, чтобы отдельные лица могли упорядоченно продвигаться вперед и своевременно оценивать и корректировать процесс осуществления.

6.1.2 Важность планирования карьеры

Планирование карьеры играет решающую роль в развитии карьеры и росте человека. Это не только эффективный способ для людей реализовать свою самооценку и повысить свою конкурентоспособность, но и ключ к расширению возможностей трудоустройства, содействию личному росту и повышению качества жизни и благополучия. Поэтому каждый должен ценить и активно планировать и управлять своей карьерой.

(1) Содействие самопознанию и реализации

Планирование карьеры помогает людям глубоко анализировать себя, выявлять сильные и слабые стороны и точно фиксировать интересы и способности. Этот процесс направляет людей на точное позиционирование, соответствующее их профессиональной ориентации, посредством непрерывного обучения и роста, полного раскрытия и высвобождения потенциала, чтобы получить удовлетворение и достижения на работе.

(2) Расширение профессиональных возможностей и навыков

Перед лицом быстро меняющейся рабочей среды планирование карьеры становится ключом к повышению индивидуальных профессиональных способностей и навыков и конкурентоспособности. Это побуждает людей постоянно учиться и практиковать, идти в ногу со временем, адаптироваться к новой рабочей среде и требованиям, а затем появляться на рабочем месте, чтобы максимизировать личные ценности.

(3) Четкое определение карьерных целей и видения

Планирование карьеры дает людям четкий путь развития карьеры, помогая им определить свои цели и видение карьеры. Разработав конкретное и осуществимое планирование карьеры, люди могут методично продвигаться к своей мечте, и уверенность и опыт, накопленные в ходе этого процесса, закладывают прочную основу для их карьерного роста.

(4) Расширение карьерных возможностей и пространства

Планирование карьеры помогает людям накапливать ценный опыт и знания на рабочем месте, тем самым повышая конкурентоспособность и закладывая основу для получения более выгодных рабочих мест. В то же время он также открывает более широкое пространство для карьерного роста для людей, позволяя им легко справляться с вызовами и трудностями в своей карьере.

(5) Повышение качества жизни и счастья

Разумное планирование карьеры не только приносит людям более благоприятные условия труда, вознаграждения и льгот, тем самым повышая их экономический доход и уровень жизни, но и позволяет людям чувствовать удовлетворение и обогащение на работе, тем самым повышая их счастье. Этот позитивный цикл не только повышает индивидуальное чувство профессионального успеха, но и значительно улучшает общее удовлетворение жизнью.

6.2 Стратегия планирования карьеры

6.2.1 Расширение возможностей развития карьеры

В процессе планирования карьеры люди могут эффективно расширять границы выбора карьеры, активно ища и используя различные возможности, одновременно повышая свою конкурентоспособность на рынке. Для достижения этой цели люди могут использовать следующие стратегии, чтобы более эффективно продвигаться к карьерным целям и открывать новые главы в развитии карьеры.

(1) Накопление разнообразных навыков и знаний

В нынешней конкурентной рабочей среде трудно справиться с быстро меняющимися вызовами и возможностями, опираясь только на один профессиональный навык. Поэтому индивидуумы должны активно расширять области обучения и осваивать новые навыки, такие как языковые навыки, технические знания и управленческая мудрость. Эти разнообразные резервы навыков и знаний не только повышают профессиональную конкурентоспособность людей, но и расширяют их возможности выбора карьеры и прокладывают более широкий путь для развития карьеры.

(2) Изучение опыта работы в разных отраслях

Когда возникают узкие места в развитии отрасли или продвижение по службе затрудняется, переход в другую область является разумным шагом. Благодаря межотраслевым эмпирическим исследованиям, люди могут не только открыть новые возможности для работы, открыть совершенно новое направление развития карьеры, но и умело интегрировать опыт и навыки первоначальной отрасли в новую область, реализовать диверсификацию развития карьеры и трансграничную интеграцию.

(3) Рассмотрение вопросов предпринимательства и самостоятельной занятости

Предпринимательство дает людям больше автономии и творческого пространства, чтобы они могли в полной мере реализовать свои таланты и амбиции. Тем не менее, предпринимательский путь также сопровождается более высокими рисками и проблемами, поэтому индивидуумы должны быть хорошо подготовлены и всесторонне учитывать различные факторы. Кроме того, самостоятельная занятость также является вариантом, который стоит рассмотреть, и люди могут достичь самостоятельной занятости посредством свободной занятости, консультационных услуг, обучения и т. д., Чтобы наслаждаться более гибким и разнообразным образом профессиональной жизни.

6.2.2 Повышение профессиональной конкурентоспособности

В современном обществе с жесткой конкуренцией талантов, чтобы выделиться на рабочем месте, мы должны обладать определенной конкурентоспособностью. Повышение профессиональной конкурентоспособности путем повышения профессиональных знаний и навыков, укрепления навыков общения и сотрудничества, развития инновационного мышления и решения проблем, поддержания позитивного менталитета может постоянно повышать конкурентоспособность, чтобы добиться лучшего развития и успеха на рабочем месте.

(1) Не отставать от времени, непрерывно совершенствовать профессиональные знания

В связи с быстрым развитием науки и техники и стремительными изменениями в промышленности постоянно меняются системы знаний в профессиональной сфере. Чтобы идти в ногу со временем и удовлетворять потребности на рабочем месте, люди должны придерживаться отношения к обучению и неустанно обогащать свои собственные резервы знаний. Кроме того, активный поиск наставников или отраслевых экспертов является важным каналом для получения ценного практического опыта и глубокого понимания информации внутри отрасли.

(2) Активное участие, повышение способности к коммуникации и координации

На рабочем месте командная работа считается ключевым элементом успеха, в то время как отличные навыки сотрудничества и общения могут значительно способствовать успешному выполнению рабочих задач и эффективному решению проблем. Поэтому люди должны активно участвовать в работе над проектами и командами, используя практические возможности, чтобы постоянно совершенствовать свои навыки общения и координации. В то же время смелость взять на себя роль руководителя проекта или лидера также является ценным способом развития собственных навыков руководства и управления командой.

(3) Сосредоточение внимания на инновациях, укрепление потенциала решения проблем

На рабочем месте люди часто сталкиваются с различными проблемами и вызовами, когда инновационное мышление и способность решать проблемы особенно важны. Чтобы эффективно реагировать, индивидуумы должны сосредоточиться на развитии своих способностей к решению проблем и смелости экспериментировать с новыми идеями и методами. Такие способы, как участие в инновационных проектах, чтение соответствующих книг и статей, участие в инновационных лекциях и т. Д. Все это помогает улучшить инновационные способности людей, сделать их более доступными на рабочем месте и лучше справляться с различными проблемами.

6.2.3 Создание профессиональных сетей

Профессиональные сети являются важным мостом, через который люди строят свои отношения. Индивидуумы активно ищут информацию, ресурсы и ценные возможности для развития своей карьеры посредством диверсификации. В то же время не менее важно поддерживать и расширять каждую взаимосвязь в профессиональной сети, отдельные лица должны стремиться к достижению взаимной выгоды и обоюдного выигрыша, совместно содействовать росту и прогрессу.

Активное участие в социальной деятельности: участие в семинарах, отраслевых форумах и мероприятиях профессиональных ассоциаций, расширение профессиональных перспектив и повышение профессионального уровня; В то же время, присоединиться к волонтерской деятельности, познакомиться с большим количеством единомышленников друзей, идти вперед вместе.

Эффективное использование социальных медиа - платформ: формирование личного профессионального имиджа в социальных сетях, взаимодействие с коллегами, отраслевыми экспертами и потенциальными работодателями, активный обмен личными мнениями и практическим опытом с целью получения более широкого внимания и признания.

Активный поиск наставничества: посещение людей с большим опытом и выдающимися достижениями в своей профессиональной области, скромное обращение к ним за советом, обучение и приверженность созданию прочной и глубокой дружбы между учителями и учениками.

6.2.4 Формирование профессионального имиджа

Формирование профессионального имиджа - это непрерывный и развивающийся процесс, который требует, чтобы люди постоянно учились, росли и шли в ногу со временем. Поэтому люди должны поддерживать позитивный и оптимистичный настрой, постоянно совершенствовать свой профессиональный имидж и личный бренд, открывая больше возможностей и возможностей для карьеры.

Четкая личная ориентация: главная задача человека - четко определить свои профессиональные цели и пути развития. Только глубокое понимание профессиональной роли, которую он хочет играть, может целенаправленно формировать профессиональный имидж.

Укрепление профессиональных компетенций: прочные профессиональные компетенции являются краеугольным камнем построения отличного профессионального имиджа. Индивидуумы должны постоянно совершенствовать свои профессиональные знания и навыки, чтобы обеспечить синхронизацию с динамикой отрасли, что может быть достигнуто путем участия в обучении, изучения профессиональных книг, присоединения к отраслевым обменам и другим средствам.

Создание индивидуального бренда: индивидуальный бренд представляет собой уникальную ценность и престиж на рабочем месте. Индивидуумы должны четко определить свои основные компетенции и опыт и продемонстрировать свою ценность за счет отличной работы и профессиональных достижений. Кроме того, использование социальных сетей для обмена профессиональными знаниями и достижениями с профессиональными платформами также является эффективным способом демонстрации личных брендов.

6.3 Применение планирования карьеры

6.3.1 Планирование карьеры в студенческий период

Студенческий период, как отправная точка для планирования карьеры, является критическим этапом индивидуального образования и самоисследования. На этом этапе успешное планирование может помочь студентам определить свои интересы, определить свой уровень компетентности и установить разумные карьерные цели, тем самым заложив прочную основу для будущего развития карьеры.

(1) Самооценка и углубление познания

На этом этапе учащиеся должны всесторонне анализировать и оценивать свои способности, интересы и ценности, выявлять свои сильные и слабые стороны и, таким образом, ориентироваться в правильном направлении карьеры. В то же время активное участие в разнообразных мероприятиях, стажировках и добровольчестве не только обогащает личный опыт студентов, но и углубляет их понимание самобытности, позволяя им более уверенно и спокойно выбирать свой собственный путь карьеры.

(2) Исследование карьеры и сбор информации

Благодаря профессиональному исследованию студенты могут получить представление о характеристиках различных профессий, необходимых условиях и будущих перспективах развития, чтобы более точно выбрать подходящий для них путь карьеры. В этом процессе чрезвычайно важно активно собирать информацию о карьере, включая поездки на места, посещения предприятий, посещения лекций о карьере, а также использование сетевых ресурсов, чтение соответствующих книг и консультирование профессионалов, которые являются эффективными способами получения информации о карьере и способствуют углублению всестороннего понимания планирования карьеры.

(3) Четкие цели и адаптация к изменениям

Основываясь на глубоком понимании своих характеристик и профессиональной информации, студенты должны установить конкретные, выполнимые цели карьеры, соответствующие их личным интересам и способностям, в сочетании с пониманием рынка труда. В то же время, в процессе планирования также следует в полной мере предвидеть и учитывать потенциальные потребности и тенденции будущего рынка труда, чтобы гарантировать, что личные карьерные цели могут адаптироваться к изменениям времени и достичь долгосрочного и устойчивого развития.

(4) Планирование и планирование пути

Обучение является главным приоритетом для студентов в школе, и особенно важно разработать рациональный план обучения, чтобы эффективно овладеть знаниями. В то же время, студенты должны в соответствии со своими карьерными целями, детально спланировать путь развития карьеры и, участвуя в летней стажировке, внешкольной практике и других мероприятиях, тесно контактируя с рабочим местом, чтобы лично испытать реальную рабочую среду и задачи, чтобы более точно планировать индивидуальный путь развития карьеры и повышать свою конкурентоспособность на конкурентном рынке труда.

(5) Накопление практики и оптимизация развития

Планы установлены, действия жизненно важны. Студенты должны активно повышать свои учебные способности и профессиональные навыки, с этой целью они должны активно участвовать в различных программах стажировок, чтобы накопить ценный практический опыт. Кроме того, благодаря участию в учебных курсах, участию во внеклассных мероприятиях, вступлению в общественные организации и другим способам, они также могут эффективно повысить свои профессиональные знания и практические способности. В то же время, студенты также должны гибко корректировать и оптимизировать свой собственный путь развития, основанный на опыте индивидуальной профессиональной практики.

6.3.2 Планирование карьеры при поступлении на работу

Начало работы - это новый и сложный период в карьере для всех. Для молодых людей, вступающих в общество, особенно важно иметь разумный план карьеры. На этом этапе им необходимо принять ряд ключевых решений, чтобы обеспечить плавную интеграцию на рабочем месте и достичь долгосрочных целей личного профессионального развития.

(1) Избранные профессии и должности

При поступлении на работу первостепенной задачей является выбор профессии и должности, которые соответствуют индивидуальным интересам, способностям и карьерным целям. Этот выбор должен быть тщательно продуман и учитывать как внутренние факторы человека, так и перспективы развития отрасли и пространство для роста человека. Подробные исследования рынка и консультации с экспертами, прежде чем принимать окончательное решение, чтобы получить представление о характеристиках и требованиях каждой отрасли и должности, являются важными шагами для обеспечения того, чтобы это ключевое решение было обоснованным.

(2) Создание профессиональных сетей

Вначале на рабочем месте молодые люди должны активно участвовать в отраслевой деятельности, присоединяться к профессиональным организациям, регистрироваться на учебные курсы и другие каналы, взять на себя инициативу по созданию собственной сети профессиональных контактов. Общение с людьми из разных слоев и областей не только эффективно расширяет личные горизонты, но и дает доступ к ценной отраслевой информации, создавая тем самым больше возможностей для карьерного роста. Кроме того, полное использование платформ социальных сетей также является эффективным способом расширения социальной сферы и взаимодействия с отраслевыми экспертами и коллегами.

(3) Повышение профессиональной конкурентоспособности

Выделение в гонке на рабочем месте является важной проблемой для каждого новичка. Для повышения своей профессиональной конкурентоспособности молодые люди должны постоянно приобретать новые знания и навыки, чтобы гибко реагировать на быстро меняющиеся условия труда. • Участие в профессиональной подготовке, получение отраслевого сертификата, борьба за практические возможности являются эффективными способами повышения профессиональной компетентности. В то же время развитие навыков общения также имеет решающее значение. Хорошие навыки общения могут придать мощный импульс развитию рабочего места и помочь людям неуклонно продвигаться вперед на рабочем месте.

(4) Четкие цели и пути

Четкие карьерные цели и подробные планы развития карьеры являются ключом к успеху для начинающих. Профессиональные цели должны быть конкретными, практичными и тесно связанными с индивидуальными интересами и способностями. Планы развития карьеры служат планом действий по достижению этих целей и включают четкие сроки, конкретные шаги по их осуществлению и эффективные механизмы оценки. Тщательно разработав и твердо выполнив эту программу, молодые люди могут более эффективно планировать свою карьеру, чтобы убедиться, что они продвигаются по правильному пути.

(5) Формирование позитивного образа

Вступление на работу, поддержание позитивного менталитета и формирование хорошего профессионального имиджа не менее важны. Перед лицом вызовов и возможностей на рабочем месте молодые люди должны быть смелыми, активно реагировать и достигать своих карьерных целей посредством постоянных усилий и практики. В то же время уделение внимания внешнему профессиональному имиджу, такому как внешность приборов, приличное поведение слов и действий, а также проявление позитивного отношения к работе могут произвести впечатление на работодателей и коллег и способствовать развитию карьеры отдельных лиц.

6.3.3 Планирование карьеры на среднесрочный период

Промежуточный этап карьеры - это критический период, когда человек накапливает опыт и углубляет познания на своем профессиональном пути. На данный момент человек уже обладает определенным опытом работы и специальными знаниями, постепенно интегрируется в выбранную профессиональную область и имеет более четкое представление о своем профессиональном направлении. Тем не менее, перед лицом многих проблем и возможностей в середине карьеры, люди должны принимать обоснованные решения и принимать эффективные меры посредством тщательного планирования карьеры.

(1) Следить за тенденциями развития отрасли

На промежуточном этапе своей карьеры индивидуумы должны постоянно овладевать передовыми технологиями и знаниями в отрасли посредством непрерывного обучения и участия в профессиональной подготовке, обеспечивая синхронизацию своих навыков с развитием отрасли и тем самым повышая свою конкурентоспособность на работе. Кроме того, индивидуумы должны активно выбирать для участия в соответствующих сертификационных экзаменах и стремиться получить профессиональную квалификацию, которая не только систематически повышает их профессионализм, но и повышает их личную репутацию и признание на рынке, закладывая прочную основу для дальнейшего развития карьеры.

(2) Расширение пути развития карьеры

В середине карьеры человек должен сосредоточиться на том, как расширить свой путь развития карьеры и улучшить свои общие качества. С этой целью можно активно участвовать в межсекторальных проектах, стремясь взять на себя руководящую роль в команде, или накапливать более богатый опыт работы и личные ресурсы, например, путем участия в учебных курсах, непрерывного обучения и вступления в отраслевые ассоциации. В то же время мы должны быть достаточно смелыми, чтобы рассмотреть вопрос о преобразовании рабочих мест или отраслей, чтобы найти более широкие возможности для развития.

(3) Создание хороших межличностных отношений

В середине карьеры важно установить хорошие отношения. Отдельные лица должны активно участвовать в профессиональной деятельности в отрасли, вступать в профессиональные организации и использовать платформы социальных сетей для расширения круга контактов. Тесная связь с коллегами, обмен опытом и ресурсами не только создаст больше возможностей для развития карьеры, но и будет полагаться на эту прочную сеть карьеры, чтобы получить больше возможностей и поддержки перед лицом карьерных преобразований.

(4) Смелость для решения профессиональных проблем

Различные проблемы, с которыми сталкиваются люди в середине своей карьеры, должны проявлять инициативу и активно искать возможности для развития. Обращаясь к профессиональной профессиональной ориентации и консультированию, люди могут научиться эффективным методам решения проблем, тем самым повышая свою устойчивость. В то же время, активно участвовать в крупных проектах компании, взять на себя инициативу, чтобы взять на себя больше ответственности, не только получить чувство выполненного долга, но и способ повысить самооценку. Кроме того, участие во внешнем обучении, обмене обучением или подача заявки на получение опыта работы за рубежом - все это бесценные возможности для расширения перспектив карьеры и повышения способности к интернационализации, которые помогают людям добиться большего успеха в своей карьере.

(5) Достижение баланса между работой и личной жизнью

В середине карьеры также важно достичь баланса между работой и жизнью. Люди должны овладеть навыками разумной организации рабочего времени и отдыха для обеспечения физического и психического здоровья. Это может быть достигнуто различными способами, такими как развитие хобби и хобби, активное участие в физических упражнениях и укрепление взаимодействия с семьей и друзьями, что не только помогает эффективно облегчить стресс на работе, но и повышает эффективность работы, тем самым повышая счастье и общее удовлетворение жизнью.

6.3.4 Планирование карьеры на продвинутом этапе

Переход в продвинутую фазу карьеры означает, что человек поднялся на более высокую должность на рабочем месте, накопил большой опыт и добился многих значительных достижений. На этом этапе людям необходимо глубже изучить свои карьерные цели и траектории развития, более тщательно спланировать и подготовиться, чтобы продолжать писать блестящие главы в своей последующей карьере. Планирование продвинутого этапа в большей степени ориентировано на долгосрочную перспективу и достижение конечных целей, чем в середине карьеры.

(1) Определение роли и долгосрочное планирование

Вступая в продвинутую фазу своей карьеры, человек должен иметь четкое представление о своей профессиональной ориентации и четко определить свою роль и долгосрочное стремление на рабочем месте. Это требует от человека глубокого анализа своей профессиональной области, интересов и личных преимуществ и, соответственно, установления профессиональных целей, которые соответствуют как долгосрочному развитию человека, так и его собственным ценностям. В то же время важно разработать подробный план развития карьеры, который обеспечит четкий путь для профессионального роста человека. Точное позиционирование карьеры, несомненно, является краеугольным камнем планирования успешной карьеры.

(2) Углубление накопления навыков и знаний

На продвинутом этапе своей карьеры индивидуумы должны поддерживать острое понимание профессиональной области, активно участвовать в различных семинарах, проходить курсы повышения квалификации и широко читать новейшие профессиональные книги, тем самым постоянно повышать свою личную конкурентоспособность. В то же время, следуя тенденциям развития отрасли, гибко корректируя направление обучения, обеспечивая, чтобы их собственные навыки и знания всегда были синхронизированы с передовыми рубежами отрасли, тем самым сохраняя лидирующие позиции на рабочем месте.

(3) Развитие навыков руководства и управления

На продвинутом этапе своей карьеры человек должен продемонстрировать превосходные лидерские и управленческие навыки. Чтобы заложить основу для развития карьеры, люди должны активно участвовать в учебных курсах по управлению, взять на себя инициативу, чтобы взять на себя роль руководителя проекта и постоянно оттачивать и повышать свой уровень руководства и управления посредством межсекторального сотрудничества. Кроме того, совершенствование навыков межличностного общения, принятия решений и решения проблем также имеет решающее значение для решения проблем на рабочем месте.

(4) Формирование бренда и профессионального имиджа

На продвинутом этапе формирование личного бренда и профессионального имиджа особенно важно. Индивидуумы должны стремиться к созданию широкой сети профессиональных отношений, чтобы повысить свою популярность и влияние в отрасли, активно участвуя в отраслевой деятельности, пиша и публикуя профессиональные статьи. Кроме того, нельзя игнорировать повышение качества личных приборов, манер речи и общения. Активно участвуя в различных социальных мероприятиях и отраслевых конференциях, люди могут не только расширить круг контактов, но и воспользоваться этой возможностью, чтобы получить больше возможностей для карьерного роста и ценных ресурсов.

(5) Стремление к достижению и жизненному балансу

На продвинутом этапе своей карьеры человек должен стремиться к достижению личных успехов и внутреннего удовлетворения, а также к балансу жизни. Выполняя поставленные профессиональные цели, получая признание и награды в профессиональной области и внося позитивный вклад в общество, человек может глубоко почувствовать чувство выполненного долга. В то же время рациональная организация рабочего времени и отдыха, уделение внимания физическому и психическому здоровью и бережное отношение к семье и социальной жизни являются неотъемлемой частью поддержания счастья и удовлетворения.

7. Планирование и практика семейной карьеры

7.1 Представление планов семейной карьеры

Планирование семейной карьеры - это процесс, в рамках которого члены семьи разрабатывают планы и стратегии долгосрочного развития семьи и ее членов посредством ряда шагов, включая постановку целей, разделение ролей, управление временем, развитие карьеры, планирование образования и финансовое планирование. Это систематический процесс, направленный на то, чтобы помочь членам семьи достичь профессионального роста, повысить качество жизни и способствовать процветанию и прогрессу семьи в целом, обеспечивая при этом прочную теоретическую поддержку и практическое руководство для долгосрочного развития семьи и адаптации к социальным изменениям.

При планировании семейной карьеры члены семьи должны совместно участвовать и сотрудничать, поддерживать и сотрудничать друг с другом, активно планировать и управлять будущим семьи. Планирование семейной карьеры включает шесть элементов:

Установление целей: в качестве центрального элемента планирования семейной карьеры установление целей требует, чтобы члены семьи четко определяли свое личное и семейное видение. Установление целей - это динамичный процесс, в рамках которого члены семьи должны устанавливать цели в соответствии с изменениями в их собственных условиях и условиях и постоянно корректировать и корректировать их, чтобы члены семьи могли продолжать свои усилия в намеченном направлении.

Разделение ролей: разделение ролей в семье, основанное на индивидуальных характеристиках, способностях и потребностях членов семьи, направлено на содействие гармоничному и эффективному функционированию семьи посредством рационального распределения обязанностей и задач. Разумное распределение ролей может стимулировать потенциал членов и улучшать командную работу, тем самым повышая общую эффективность и благополучие семьи.

Управление временем: Члены семьи должны овладеть эффективными навыками управления временем, чтобы найти баланс между работой и семейной жизнью. Хорошее планирование времени не только повышает эффективность работы, но и оставляет пространство для тесного взаимодействия между членами семьи, укрепляет связь и общение друг с другом и создает более гармоничную семейную атмосферу.

Профессиональное развитие: Члены семьи должны четко определить цели карьеры и разработать подробные планы карьеры. Это включает в себя постоянное обучение новым знаниям и совершенствование навыков, чтобы реагировать на изменения на рабочем месте и обеспечивать устойчивое развитие индивидуальной карьеры. Благодаря планированию карьеры члены семьи могут вносить вклад в экономическую стабильность и благополучие семьи.

Планирование в области образования: образование рассматривается как краеугольный камень долгосрочного развития семьи. Члены семьи должны совместно определять образовательные цели, выбирать подходящую школу и профессию и развивать хорошие привычки и навыки обучения. Реализация образовательных программ заложит прочную основу для будущего развития членов общества и поможет им лучше интегрироваться в общество и реализовать свои личные и семейные мечты.

Финансовое планирование: члены семьи должны иметь разумный финансовый бюджет, чтобы обеспечить надежное функционирование и устойчивый рост семейных финансов, стремиться к экономической независимости и финансовой свободе. Благодаря эффективному финансовому управлению семьи могут более спокойно реагировать на чрезвычайные ситуации, повышать качество жизни и быть полностью подготовлены к долгосрочным расходам, таким как образование, жилье и выход на пенсию.

7.2 Осуществление планирования семейной карьеры

7.2.1 Препятствия и проблемы

Планирование семейной карьеры является сложной и сложной задачей, которая неизбежно сопряжена с целым рядом проблем и препятствий. Эти барьеры могут возникать из - за изменений во внешней среде, динамических корректировок в семье или колебаний на психологическом уровне человека.

(1) Экономическая и культурная среда

Неустойчивость социально - экономических условий создает серьезные проблемы для планирования семейной карьеры. Экономический спад и слабость рынка труда могут непосредственно препятствовать продвижению по службе и переходу на другую работу членов семьи и влиять на стабильность доходов семьи. В то же время изменения в социально - культурной среде, такие как неравномерное распределение образовательных ресурсов и профессиональные предрассудки, также оказывают глубокое влияние на выбор образовательных путей и возможности карьерного роста.

(2) Семейный контекст и условия

Каждая семья уникальна, и все ее внутренние факторы, такие как экономическое положение, образовательный фон, культурные обычаи, глубоко формируют контуры планирования семейной карьеры. Эти факторы влияют не только на постановку целей, распределение ролей, но и на направление и скорость развития карьеры. Кроме того, модели взаимодействия между членами семьи, включая эффективность коммуникации и способность координировать, также являются потенциальными препятствиями, которые нельзя игнорировать.

(3) Социальная поддержка и ресурсы

Социальная поддержка и адекватность ресурсов являются важными гарантиями успешного планирования семейной карьеры. Однако многие семьи сталкиваются с трудностями, связанными со слабыми системами социальной поддержки и ограниченным доступом к ресурсам. Отсутствие профессиональной ориентации, ограниченные возможности для профессиональной подготовки и ограниченный доступ к финансовой помощи могут стать ключевыми факторами, сдерживающими осуществление планирования семейной карьеры и повышающими неопределенность и сложность его осуществления.

7.2.2 Стратегии повышения эффективности осуществления

Ключом к обеспечению бесперебойного и успешного планирования семейной карьеры является решение проблем, возникающих в процессе планирования, и принятие целенаправленных стратегий. Важно то, что каждая семья и каждый индивидуум находятся в разных условиях, поэтому гибкость в адаптации и индивидуализация необходимы. Ниже приведены некоторые конкретные стратегии повышения эффективности осуществления:

(1) Разработать четкий план

В начале планирования семейной карьеры важно обеспечить ясность и осуществимость этого плана. Первым шагом является установление конкретных и измеримых целей, которые должны быть тесно связаны с основным видением семейной карьеры. Затем амбициозные цели разбиваются на ряд небольших шагов, которые могут быть реализованы, и разрабатываются подробные руководящие принципы действий с разумным графиком планирования, чтобы обеспечить упорядоченный ход каждого шага. Кроме того, четкое разделение ролей и обязанностей между членами семьи является ключом к повышению эффективности осуществления.

(2) Формирование хорошего исполнительного потенциала

Исполнительная власть является краеугольным камнем успешного планирования семейной карьеры. Во - первых, развитие самодисциплины и настойчивости и поддержание твердого стремления к долгосрочным целям являются важным магическим оружием для преодоления проблем на пути. Во - вторых, оптимизировать навыки управления временем, рационально организовать время, в полной мере использовать временные ресурсы, чтобы обеспечить плавный ход плана. Наконец, перед лицом трудностей и неудач, чтобы улучшить способность решать проблемы и закалить упорное психологическое качество, чтобы найти выход с оптимизмом.

(3) Укрепление коммуникации и сотрудничества

Построение открытых и откровенных коммуникационных мостов является неотъемлемой частью планирования семейной карьеры. Тесная работа с партнером для обеспечения высокой степени согласованности видения и целей обеих сторон является предпосылкой для плавного продвижения планирования. В то же время глубокое понимание потребностей и ожиданий детей и предоставление своевременной поддержки и руководства являются ключом к поддержанию семейной гармонии и содействию личному росту. Кроме того, обмены и сотрудничество с другими семьями могут расширить горизонты, поделиться ценным опытом и ресурсами и сформировать взаимовыгодную и беспроигрышную ситуацию.

(4) Создание системы поддержки семьи

Создание хорошей системы поддержки семьи и активное обращение за профессиональной помощью являются эффективными способами решения сложных проблем. Тесные связи с друзьями, коллегами и общественными организациями позволяют получать ценную поддержку и помощь в критические моменты. Использование современных научно - технических средств, таких как присоединение к онлайн - сообществам и форумам семейного планирования, может расширить доступ к информации и черпать больше мудрости и вдохновения. Когда вы сталкиваетесь с трудными проблемами, вы можете обратиться к специалистам, таким как карьерные планировщики, которые часто оказывают неожиданную помощь в планировании и реализации.

7.3 Случаи планирования семейной карьеры

Планирование семейной карьеры имеет важное значение для стабильности семьи и индивидуального профессионального развития. Эффективное осуществление планирования семейной карьеры может быть достигнуто путем постановки четких целей, достижения разумного разделения труда, эффективного управления временем, содействия профессиональному росту и тщательного планирования образования и финансов. Однако этот процесс неизбежно сталкивается с проблемами и препятствиями, которые требуют разумных подходов и стратегий.

[Случай] Сяо Мин - 35 - летний молодой отец, и у его жены Сяо Хун есть прекрасный 5 - летний сын Сяо Сян. Сяо Мин работает в крупной компании, его жена Сяо Хун - учитель средней школы. Они всегда хотели, чтобы их семьи были счастливы и стабильны, и осознали необходимость разработки и осуществления планов семейной карьеры для достижения этой цели.

(1) Установление цели

Сяо Мин и Сяо Хун сначала определили свои цели в семейном планировании. Они хотят предоставить Сяо Сян хорошую среду для роста, а также разумное планирование развития карьеры и финансового положения. Они надеются приобрести свой собственный дом в ближайшие годы и планируют предоставить Сяо Сяну хорошее образование.

(2) Разделение ролей и управление временем

Сяомин имеет более высокий доход, больше берет на себя экономическую опору семьи и защитников, Сяо Хун работает относительно свободно, больше берет на себя ответственность за заботу о детях и их воспитание, муж и жена заботятся о росте детей и эмоциональных потребностях. Они также разработали график рационализации времени, отводимого на работу, семью и развитие личности, с тем чтобы каждый мог в полной мере пользоваться благами семейной жизни.

(3) Планирование развития карьеры и образования

Сяо Мин и Сяо Хун придают большое значение своему профессиональному развитию и образовательным программам. Сяомин активно участвует в тренингах и проектах в компании, чтобы улучшить свои навыки и знания и подготовиться к будущему продвижению по службе. Сяо Хун также участвовал в некоторых профессиональных образовательных тренингах, чтобы улучшить свои навыки преподавания, а также общаться и учиться с другими учителями. Они также спланировали образовательный путь для Сяо Сяна, выбрали качественную школу и поощряли его к участию в различных классах по интересам и общественных мероприятиях.

(4) Финансовое планирование

Сяо Мин и Сяо Хун разработали подробные финансовые планы, включая депозиты, инвестиции и расходы. Они ежемесячно хранят определенную долю своих доходов в соответствии с бюджетом и тратят их на покупку жилья и образование. Они также консультировались с профессиональными финансовыми консультантами и разработали долгосрочные инвестиционные планы, чтобы обеспечить устойчивый рост их финансового положения.

(5) Шаги по осуществлению и проблемы

Сяо Мин и Сяо Хун разработали ряд мер по реализации в соответствии с планом семейной карьеры. Они работают с агентами по недвижимости, чтобы найти дом, подходящий для спроса, и работать над улучшением возможностей покупки жилья. Сяо Хун активно участвует в образовательных и учебных курсах, общается и взаимодействует с родителями и студентами. Однако в процессе реализации они также столкнулись с некоторыми проблемами, такими как стресс на работе, напряженность во времени и волатильность финансовых рынков.

(6) Способы повышения эффективности осуществления

Чтобы повысить эффективность реализации, Сяо Мин и Сяо Хун приняли некоторые методы. Они организуют еженедельные семейные встречи для обсуждения и оценки своего прогресса и трудностей, а также для разработки соответствующих планов корректировки. Они также активно ищут поддержку и помощь у своих семей и друзей, чтобы работать вместе, чтобы достичь своих целей.

Этот случай демонстрирует важность планирования семейной карьеры для счастливой и стабильной семьи. Супруги создали благоприятную среду для роста своих детей, а также заложили основу для их профессионального развития. В процессе реализации они активно реагируют на такие проблемы, как стресс на работе и напряженное время, обеспечивая бесперебойное планирование посредством регулярных семейных встреч и обращения за внешней поддержкой. Этот случай дает ценный опыт другим семьям и подчеркивает ключевую роль гибкой адаптации и эффективной коммуникации в планировании семейной карьеры.

8. Образование и улучшение школьной карьеры

8.1 Важная ценность школьного образования

Образование является краеугольным камнем национального возрождения и социального прогресса, основным способом повышения качества нации и содействия всестороннему развитию человека, возлагая надежды сотен миллионов семей на лучшую жизнь. Профессиональное образование, как важная задача школы, помогает учащимся осознать себя, исследовать свои профессиональные пути и понять свои семейные обязанности, помогая им делать осознанный выбор и планировать свою карьеру.

8.1.1 Образование в школе помогает учащимся осознать себя

Обучение школьной карьере помогает учащимся исследовать свои интересы, ценности, уникальные способности и потенциальные преимущества посредством разнообразных мероприятий и курсов, чтобы глубже понять себя. Этот познавательный процесс не только дает студентам ценные ориентиры в выборе карьеры, но и позволяет им лучше понять свою роль и обязанности в семейной жизни. Благодаря широкому изучению различных профессиональных областей и семейных ролей студенты могут постепенно формировать четкое профессиональное сознание и жизненное направление, закладывая прочную основу для будущих карьерных решений и планирования карьеры.

8.1.2 Образование в области школьной карьеры обеспечивает профессиональную семейную практику

В качестве важной образовательной позиции школа объединяет богатую профессиональную информацию и ресурсы семейной жизни. Школы должны знакомить учащихся с особенностями различных профессий, последними событиями на рынке труда и будущими тенденциями в развитии карьеры, а также помогать им понять потребности и возможности, связанные с различными профессиональными и семейными ролями, путем организации профессиональных выставок, стажировок и лекций по вопросам семейной жизни. Эти практические мероприятия дают студентам возможность лично ознакомиться с реальностями различных профессий и семейной жизни, чтобы сделать более осознанный выбор на пути обучения и развития.

8.1.3 Образование на протяжении всей школьной карьеры укрепляет всесторонние способности учащихся

Под влиянием школьного карьерного образования учащиеся проходят ряд тренингов, направленных на повышение профессиональных навыков, таких как навыки общения, навыки совместной работы и стратегии решения проблем. В то же время в школах все больше внимания уделяется развитию навыков эмоционального управления, навыков управления временем и ответственности, необходимых учащимся в семейной жизни. Эти навыки и достижения имеют решающее значение для будущего профессионального роста и семейной гармонии студентов и могут значительно повысить общую конкурентоспособность и адаптивность студентов, заложив прочную основу для их успеха на рабочем месте и в семье.

8.1.4 Школьная карьера помогает учащимся планировать будущее

Школьная карьера дает учащимся свет, освещающий путь в будущее. Благодаря глубокому пониманию характеристик и требований различных профессий и семейных ролей и сочетанию своих интересов и способностей, студенты могут разработать практические планы карьеры и жизни. Школы должны придавать большое значение важности карьерного образования и постоянно повышать квалификацию учителей, чтобы лучше помогать учащимся планировать свое будущее. Руководствуясь школой, учащиеся могут более спокойно реагировать на быстро меняющийся рынок труда и семейную среду, активно учиться и совершенствоваться.

8.1.5 Профессиональное обучение в школе способствует обучению учащихся на протяжении всей жизни

Образование в области школьной карьеры направлено не только на профессиональное развитие учащихся, но и на развитие их способностей к обучению на протяжении всей жизни и адаптации к семье. С помощью этой образовательной платформы учащиеся узнают, как активно получать информацию о карьере и семье и овладеть эффективными навыками планирования карьеры и организации семейной жизни. Развитие этих ключевых компетенций имеет неоценимое значение для плавного перехода студентов к профессиональной и семейной жизни, а также для их постоянной адаптации и роста в будущем.

8.2 Характеристики образовательного этапа школьной карьеры

Карьерное образование - это процесс, который проходит через обучение и рост учащихся. В соответствии с характеристиками учащихся на разных этапах должны быть разработаны соответствующие программы карьерного образования, чтобы учителя могли эффективно осуществлять их, чтобы помочь учащимся сформировать правильные взгляды на жизнь, ценности и профессиональные взгляды, улучшить общее качество и полностью подготовиться к будущему обучению и жизни. Характеристики их профессионального образования рассматриваются ниже в рамках четырех этапов: начального, среднего, среднего и высшего образования.

8.2.1 Карьерное образование в начальной школе

Начальная школа является ключевым этапом развития ребенка, и на этом этапе особенно важно профессиональное образование. Карьерное образование не только связано с восприятием ребенком себя и будущего, но и влияет на траекторию развития на протяжении всей его жизни. К их числу относятся, в частности:

Фундаментальность и полнота: Карьерное образование фокусируется на создании прочной основы, пристально следит за физическим и умственным ростом студентов и стремится развивать базовое чувство карьеры и навыки студентов. Его образовательный контент не только охватывает предметные знания, но и придает большое значение стимулированию интереса студентов к обучению, развитию хороших привычек обучения и практических способностей, направленных на содействие всестороннему развитию студентов.

Опыт и участие: рассказывая яркие истории карьеры и организуя разнообразные практические мероприятия, карьерное образование гарантирует учащимся доступ к содержанию образования, соответствующему их возрасту и уровню развития в каждом учебном году. Этот эмпирический подход к обучению позволяет студентам глубже понять многообразие карьеры и жизни.

Развитие и динамика: Карьерное образование - это процесс непрерывного развития и изменений, который фокусируется на траектории карьерного роста студентов, с акцентом на развитии их способности к самосознанию и самопланированию и побуждает студентов активно учиться в постоянных исследованиях, чтобы лучше адаптироваться к будущим переменным условиям карьеры.

8.2.2 Карьерное образование на уровне средней школы

В средней школе учащиеся находятся в подростковом возрасте физического и психического роста, постепенно формируя свои интересы, хобби и чувство жизни, а также сталкиваются с академическим стрессом и проблемами межличностных отношений. Характеристики профессионального образования включают в себя:

Диверсификация содержания образования: карьерное образование направлено на содействие всестороннему развитию учащихся, уделяя особое внимание развитию их самостоятельности, творчества и адаптации. Его образовательный контент является широким и охватывает многие измерения, такие как просвещение профессионального сознания, навыки получения профессиональной информации и глубокое понимание семейной жизни, чтобы помочь студентам глубоко изучить и определить свои интересы и способности.

Практика и опыт сосредотачиваются: карьерное образование подчеркивает тесное сочетание теории и практики, не только улучшает практические навыки студентов, организуя стажировки, организуя посещения предприятий и практические мероприятия, связанные с семейной жизнью, но и развивает их способность решать проблемы, тем самым укрепляя профессиональное познание и жизненные навыки.

Индивидуальное консультирование по планированию: на уровне средней школы школа использует индивидуальные беседы и тщательно разработанные вопросники, чтобы получить представление о том, что интересует каждого ученика и каковы его профессиональные тенденции. Исходя из этого, школа предоставляет студентам индивидуальные рекомендации по планированию карьеры и семьи, которые помогают им более точно планировать свои будущие пути.

8.2.3 Карьерное образование на уровне средней школы

Средняя школа является ключевым периодом для формирования личности и самостоятельного развития учащихся. Карьерное образование должно обратить внимание на преодоление тенденции к экзаменационному образованию и заложить прочную основу для будущего развития студентов. К их числу относятся, в частности:

Разнообразие практических моделей: карьерное образование использует разнообразные практические модели, такие как учебные программы, предметные конкурсы, стажировки и т. Д., Чтобы помочь студентам получить широкий доступ и глубокое понимание различных профессиональных областей. Эти практические мероприятия не только развивают практические навыки учащихся, но и способствуют органической интеграции семейного и школьного образования.

Персонализация, ориентированная на развитие: карьерное образование придает большое значение индивидуальным различиям между студентами и подчеркивает разработку индивидуальных учебных программ. Предоставляя богатый и разнообразный выбор и возможности, карьерное образование отвечает различным интересам и профессиональным устремлениям студентов, помогая им исследовать и найти наиболее подходящий путь для своей карьеры.

Всестороннее развитие качества: карьерное образование фокусируется не только на развитии карьеры, но и на общем повышении качества студентов. Карьерное образование включает в себя передачу теоретических знаний, развитие практических способностей и влияние социальной ответственности, закладывая прочную основу для будущей карьеры и семейной жизни студентов.

8.2.4 Карьерное образование на университетском уровне

Университетский этап - это переходный период для студентов, чтобы войти в общество. Карьерное образование является не только важной частью личного роста и развития студентов, но и краеугольным камнем их будущего профессионального успеха и семейного счастья. К их числу относятся, в частности:

Баланс между дифференциацией и индивидуализацией: карьерное образование глубоко понимает уникальность каждого студента и, следовательно, дает индивидуальные рекомендации и рекомендации. Внедряя систему карьерных наставников, карьерное образование помогает студентам решать проблемы, связанные с их карьерным развитием, и в то же время разъяснять роль и место, которое они должны играть в семейной жизни.

Как перспективное, так и плановое: карьерное образование фокусируется на развитии перспективного мышления студентов, направляя их на планирование долгосрочных карьерных путей. Карьерное образование помогает студентам хорошо подготовиться к рынку труда заранее и научить стратегии реагирования, чтобы эффективно противостоять вызовам и конфликтам, которые могут возникнуть в их карьере.

Интеграция специализации и практики: На университетском уровне карьерное образование тесно связано с профессиональным опытом студентов, обеспечивая профессиональную ориентацию и обучение. Профессиональное образование подчеркивает важность практического обучения, направленного на повышение социальной адаптации и профессиональной грамотности учащихся, тем самым способствуя гармоничному сосуществованию профессионального роста и семейной жизни.

8.3 Стратегия осуществления образования в рамках школьной карьеры

« Национальная программа среднесрочной и долгосрочной реформы образования и планирования развития (2010–2020 гг.) » (далее именуемая « Программа планирования образования») требует обновления концепции подготовки кадров, внедрения инновационных моделей подготовки кадров, реформирования системы оценки качества образования и оценки талантов. В то же время предлагается принять реформу системы зачисления на экзамены в качестве прорыва, преодолеть недостатки « одного экзамена на всю жизнь», содействовать внедрению качественного образования и инновационной подготовки кадров. Эти руководящие принципы на высоком уровне определяют направление реформы системы образования, а также обеспечивают надежную гарантию развития профессионального образования в школах.

8.3.1 Создание систематической системы карьерного образования

Школы должны создать надежную систему карьерного образования, которая включает в себя создание специализированных отделов или учреждений карьерного образования, укомплектованных профессиональными преподавателями карьерного обучения и разработку подробных планов и учебных программ карьерного образования. Система должна охватывать все классы от детского сада до университета и объединяться с другими дисциплинами и образовательными мероприятиями, чтобы сформировать органическое целое. Школы могут разрабатывать и внедрять программы, ориентированные на карьеру, и интегрировать карьерное образование в преподавание. Эти курсы могут включать в себя такие элементы, как планирование карьеры, навыки семейной жизни, навыки общения и самовыражения, которые помогают учащимся всесторонне развивать необходимые навыки и умения.

8.3.2 Предоставление более полной информации о карьере

Школы могут предоставлять широкий спектр информационных ресурсов о карьере, включая предложения по трудоустройству, консультирование по вопросам семейной жизни, отраслевые перспективы, ситуацию на рынке труда и т.д. Эта информация должна представляться в различных формах, таких как книги, веб - платформы, курсы профессиональной ориентации и т. Д. Для удовлетворения различных потребностей студентов. Студенты могут получить доступ к соответствующей информации с помощью лекций, семинаров, онлайн - платформ и других средств, чтобы помочь им понять особенности и требования различных профессий и сделать осознанный выбор в семейной жизни.

8.3.3 Руководство карьерными исследованиями и семейным планированием

Школы должны направлять учащихся на самопознание и изучение карьеры, помогая им понять свои интересы, ценности, способности и особенности личности, а также сочетать эти факторы с профессиональным выбором и семейной жизнью. Школы могут организовывать поездки на места, посещения предприятий, стажировки и другие мероприятия, чтобы студенты могли лично испытать рабочую среду и содержание различных профессий. В то же время школы должны предлагать курсы и мероприятия, связанные с семейной жизнью, чтобы помочь учащимся понять семейные обязанности и роли и подготовиться к будущей жизни.

8.3.4 Обучение профессиональным и жизненным навыкам

Школы должны проводить соответствующую профессиональную подготовку и обучение жизненным навыкам, с тем чтобы помочь учащимся приобрести практические навыки и жизненный опыт, необходимые для трудоустройства, включая практические возможности, программы стажировок, курсы профессиональной подготовки и обучение навыкам семейной жизни, с тем чтобы повысить конкурентоспособность учащихся в сфере занятости и жизненные способности. Например, школы могут работать с местными предприятиями, создавая стажировки, которые позволяют студентам развивать свои профессиональные навыки в реальной рабочей среде. В то же время, некоторые курсы жизненных навыков, такие как управление семейными финансами, управление временем, навыки общения и т. д. Чтобы помочь студентам лучше адаптироваться к социальной жизни.

8.3.5 Создание системы наставничества по вопросам карьеры и жизни

Школа может создать систему наставников по вопросам карьеры и жизни, которая объединяет опытных и опытных людей со студентами, предоставляя студентам индивидуальное профессиональное и жизненное руководство и поддержку. Эта система не только помогает студентам определить свои профессиональные цели, но и дает им практические советы и эмоциональную поддержку в их жизни. Профессиональные инструкторы по карьере могут консультироваться со студентами один на один, чтобы помочь им решить проблемы в их карьере и жизни, предоставляя студентам индивидуальное руководство по планированию и развитию. Благодаря регулярному общению и обратной связи преподаватели могут помочь студентам скорректировать свои цели и повысить самооценку.

8.3.6 Укрепление связей и сотрудничества между школами

Школы должны работать в тесном сотрудничестве с родителями и социальными ресурсами, чтобы помочь учащимся в развитии карьеры. Школы могут организовывать такие мероприятия, как родительские собрания, ярмарки профессий и т. д., чтобы информировать родителей о важности карьерного образования и предоставлять соответствующие ресурсы и информацию. Школы также могут активно устанавливать партнерские отношения с предприятиями, отраслевыми ассоциациями и т. Д. Для осуществления программ сотрудничества в области стажировки и занятости, а также общинных мероприятий, связанных с семейной жизнью. Такое сотрудничество может предоставить студентам практические возможности и поддержку наставников жизни, чтобы они лучше понимали потребности на рабочем месте и семейные обязанности и улучшали общее качество.

9. Перспективы и перспективы карьерных исследований

9.1 Горячие тенденции в карьерных исследованиях

По мере ускорения темпов глобализации и глубокой интеграции многокультурности, карьерная наука, дисциплина, изучающая планирование карьеры на протяжении всего жизненного цикла человека, продолжает расширяться. В последние годы в карьерных исследованиях появился ряд горячих вопросов, которые не только привлекли широкое внимание академического сообщества, но и предвещают будущие направления и тенденции исследований в этой области.

9.1.1 Исследование многообразия в развитии карьеры и семьи

По мере того, как общество продолжает развиваться и развиваться, карьерные и семейные модели индивидуума становятся все более разнообразными. Традиционная единая линейная модель развития постепенно ослабевает и заменяется более плюралистической и открытой тенденцией развития. В этом контексте исследователи обращают внимание на разнообразие и инклюзивность развития карьеры и семьи, которые охватывают многие важные аспекты, такие как гендерное равенство, культурное разнообразие и идентичность. Они стремятся не только выявить уникальные особенности и движущие силы различных моделей развития, но и провести углубленный анализ того, как эти модели оказывают глубокое влияние на жизнь отдельных лиц и их семей, с тем чтобы содействовать равным возможностям и справедливому обращению с различными группами в развитии карьеры и семьи.

9.1.2 Передовые исследования развития межкультурной карьеры

С ускорением процесса глобализации и процветанием транснациональных корпораций, развитие межкультурной карьеры стало заметным направлением исследований. Исследователи начали внимательно следить за индивидуальным опытом и стратегиями развития карьеры в различных культурных контекстах, углубляясь в проблемы и возможности, связанные с развитием межкультурной карьеры. В то же время они стремятся найти стратегии и методы развития карьеры, адаптированные к межкультурной среде, чтобы обеспечить сильную поддержку карьерного роста людей в условиях глобализации. По мере углубления глобализации значение межкультурного контекста и глобальной перспективы для развития карьеры и семьи становится все более очевидным. Исследователи активно изучают, как эффективно продвигать карьеру в межкультурной среде, углубленно анализируя далеко идущие последствия опыта работы за рубежом для карьеры, уделяя особое внимание важности развития межкультурной чувствительности людей и повышения их способности работать за рубежом.

9.1.3 Исследование влияния технологий на развитие карьеры

С быстрым развитием и широким распространением информационных технологий влияние технологий и цифровых технологий на профессиональную и семейную жизнь становится все более заметным. Исследователи начали уделять пристальное внимание применению технологий для выбора карьеры, карьерного роста и планирования карьеры, углубляясь в возможности трудоустройства, требования к навыкам и карьерные перспективы людей в цифровую эпоху. В то же время, технологии для изменения образа жизни семьи также постепенно привлекают внимание, исследователи активно изучают, как использовать технические средства для оптимизации семейного общения и повышения качества жизни. Они далее исследуют ключевую роль технологий в оказании помощи людям в принятии решений и планировании карьеры и изучают, как цифровые инструменты могут эффективно помочь людям найти гармоничный баланс с семейной жизнью в их напряженной карьере.

9.1.4 Инновационные исследования в области консультирования и консультирования по вопросам карьеры

Консультирование и консультирование по вопросам карьеры всегда были важными направлениями исследований в области карьерного обучения. В современном обществе они играют ключевую роль, помогая людям лучше понимать себя, понимать окружающую среду и принимать обоснованные профессиональные и семейные решения. Однако с непрерывным развитием общества и быстрым технологическим прогрессом традиционная модель наставничества постепенно становится ограниченной, что затрудняет полное удовлетворение растущих и разнообразных потребностей отдельных лиц. Этот статус - кво вдохновил ученых на глубокое мышление и побудил их активно изучать инновации и изменения в методах консультирования и консультирования карьеры, такие как внедрение новых методов, таких как онлайн - консультирование и интеллектуальное консультирование. В то же время они также работают над изучением влияния этих методов на развитие индивидуальной карьеры и семьи и их практического воздействия, чтобы предоставить людям более точное и эффективное руководство и поддержку в их карьере.

9.1.5 Эмпирические исследования в области карьерного образования и развития

Карьерное образование призвано использовать образовательные пути для повышения профессионального развития и конкурентоспособности личности. В настоящее время исследователи сосредоточены на стратегиях реализации карьерного образования и оценке его эффективности, используя эмпирические методы исследований, такие как последующие опросы, анкеты и глубокие интервью, для всестороннего анализа людей, участвующих в профессиональном обучении, с целью точной оценки фактической эффективности карьерного образования. В процессе оценки показатели фокуса охватывают различные измерения, такие как прогресс в профессиональном развитии человека, его занятость, удовлетворенность карьерой и качество семейной жизни. Эти исследования не только помогают проверить эффективность методов обучения в разных карьерах, но и обеспечивают прочную научную основу для непрерывной оптимизации и развития карьерного образования.

9.2   Междисциплинарные исследования карьеры и интеграция

Карьера как междисциплинарная область тесно связана с различными дисциплинами, такими как психология, педагогика, социология, менеджмент и экономика. Содействуя научно - исследовательскому сотрудничеству и обмену знаниями между этими дисциплинами, карьера учится для достижения взаимодополняемости теорий и постоянных инноваций в методах, тем самым повышая их комплексность и практичность. Эта междисциплинарная интеграция имеет неоценимое значение для общего развития карьерного обучения.

9.2.1 Перекрестная интеграция карьерологии и психологии

Перекрестная интеграция карьерного обучения и психологии дает уникальную перспективу для всестороннего изучения развития личности на профессиональном, семейном и индивидуальном уровнях жизни, что дает более научное и эффективное руководство для выбора карьеры, планирования семейной жизни и пути личного роста.

Эта кросс - область исследований позволяет исследователям глубже понять сложные психологические процессы, которые люди испытывают при принятии профессиональных решений. При выборе профессии индивидуум руководствуется не только своими интересами и способностями, но и своей ранней семейной средой и системой социальной поддержки. Теория социальной поддержки психологии предоставляет исследователям мощный инструмент для углубленного анализа и понимания этих влияющих факторов.

Что касается связи между семейной жизнью и индивидуальным ростом, то особенно важно изучить долгосрочное влияние различных семейных структур, культурных традиций и социально - экономических условий на развитие индивидуальной карьеры. Используя глубокие психологические знания, исследователи могут показать, как семейная среда тонко влияет на карьерные тенденции, образовательные возможности и удовлетворенность жизнью, а затем адаптировать более подходящие стратегии планирования карьеры для людей.

Что еще более важно, эта междисциплинарная область исследований также фокусируется на изучении новых способов повышения индивидуальной профессиональной устойчивости и психического здоровья посредством психологической поддержки и вмешательства. В исследовании основное внимание уделяется основным психологическим факторам, таким как психологическая устойчивость, эмоциональный интеллект и т. д. Углубленный анализ того, как эти факторы помогают людям поддерживать более высокую адаптивность перед лицом изменений в карьере, стресса безработицы или проблем с работой, тем самым повышая их психическое здоровье и удовлетворенность жизнью.

9.2.2 Перекрестная интеграция карьерного роста и педагогики

Перекрестная интеграция карьерного обучения и педагогики углубляет изучение тесной связи между развитием карьеры и образовательным процессом человека на разных этапах жизни, уделяя особое внимание тому, как образование может способствовать всестороннему росту и развитию личности, особенно в ключевых областях выбора карьеры и планирования жизни.

Что касается интеграции карьерного образования с академическим образованием, то основное внимание в исследовании уделяется изучению того, как передовые идеи и эффективные методы карьерного образования могут быть легко интегрированы в повседневное преподавание дисциплин с целью достижения всестороннего повышения общего качества учащихся. Эта область исследований не только подчеркивает взаимодополняемость и взаимодополняемость между академическим образованием и карьерным образованием, но и, в частности, указывает на то, что преподавание дисциплин должно быть вектором, который помогает учащимся постепенно строить четкое планирование будущей карьеры и жизни.

Что касается роли образования в развитии индивидуальной карьеры, то исследования должны быть сосредоточены на далеко идущих последствиях различных ступеней образования (например, базового, высшего и профессионального) для индивидуального выбора профессии, а также на анализе того, как политика в области образования может оказать значительную поддержку профессиональному росту студентов, тем самым повышая их адаптивность и конкурентоспособность на рабочем месте. Кроме того, система образования должна быть построена таким образом, чтобы она была тесно связана с реальными потребностями развития отрасли, чтобы гарантировать, что учащиеся могут работать в соответствии с потребностями рынка.

При изучении влияния семейного воспитания на развитие карьеры индивидуума, исследование должно дать глубокий анализ того, как семейное окружение, родительское воспитание и семейные ценности взаимодействуют друг с другом в выборе профессии и определении жизненных целей индивидуума. В то же время мы должны также обратить внимание на то, как эффективно продвигать самопознание и развитие профессиональных интересов детей путем оптимизации семейной образовательной среды, тем самым планируя для них четкий карьерный путь и закладывая прочную основу для долгосрочного развития в будущем.

9.2.3 Перекрестная интеграция карьерного роста и менеджмента

Перекрестная интеграция карьерного роста и менеджмента - это многомерная область, которая направлена на изучение того, как люди тесно связаны с организационным управлением на многих уровнях, таких как карьерный рост, семейная жизнь и личностный рост.

Что касается развития карьеры и управления организацией, перекрестные исследования могут быть сосредоточены на построении эффективных путей развития карьеры, которые позволяют сотрудникам вносить больший вклад в организацию, преследуя свои личные карьерные цели. Организация может полностью поддерживать карьерный рост своих сотрудников с помощью тщательно продуманного плана развития карьеры, всеобъемлющего плана обучения и развития. Эта стратегия не только обеспечивает беспроигрышную ситуацию для сотрудников и организации, но и значительно повышает удовлетворенность работой и лояльность сотрудников, тем самым повышая общую производительность организации.

Что касается карьерного образования и обучения менеджменту, перекрестные исследования могут изучить, как тонко интегрировать основные идеи карьерного образования в учебные программы по менеджменту, чтобы помочь руководителям лучше понять и удовлетворить потребности карьерного роста сотрудников. Предоставляя практические инструменты планирования карьеры и профессиональные консультационные услуги по вопросам карьеры, компании могут помочь сотрудникам точно определить свои преимущества и четко определить направление развития, тем самым всесторонне повышая эффективность управления и профессионализм сотрудников.

Что касается баланса между семьей и карьерой, то теория карьерного Тай - Чи дает ценные теоретические ориентиры для перекрестных исследований, в то время как менеджмент дает практические рекомендации. Исследование должно быть посвящено тому, как компании могут помочь своим сотрудникам достичь гармоничного баланса между работой и личной жизнью, внедряя гибкие рабочие графики, дружественную к семье политику и комплексные программы поддержки персонала. Это не только значительно повышает благосостояние и лояльность сотрудников, но и придает новый импульс устойчивому развитию и инновациям.

9.2.4 Перекрестная интеграция карьерного роста и социологии

Перекрестная интеграция карьерологии и социологии направлена на углубленное изучение взаимодействия между развитием индивидуальной карьеры и социальными структурами и социальными изменениями. Благодаря тщательному анализу различных социальных факторов, влияющих на развитие карьеры человека, эта область исследований может обеспечить более научное и эффективное руководство для планирования карьеры человека.

Что касается социальной структуры и развития карьеры, перекрестные исследования могут изучить конкретное влияние социальной структуры на развитие индивидуальной карьеры. Социологическая теория утверждает, что выбор карьеры и карьерная траектория индивидуума глубоко зависят от множества социальных факторов, таких как социальный класс, пол и уровень образования. Эти факторы могут стать препятствием для профессионального роста отдельных лиц и открыть для них более широкие возможности. Поэтому исследования должны быть сосредоточены на различиях в профессиональном росте, с которыми сталкиваются различные социальные группы, и на изучении путей сокращения этих различий с помощью эффективных политических мер и мер социальной поддержки в целях содействия общему справедливому и гармоничному развитию общества.

С точки зрения семейного контекста и выбора карьеры, перекрестные исследования могут углубить понимание того, как семейное окружение оказывает глубокое влияние на карьерные предпочтения и планирование карьеры ребенка. Финансовое положение семьи, уровень образования родителей и их профессиональный опыт являются важными факторами, определяющими профессиональный интерес и выбор ребенка. Кроме того, исследование должно быть сосредоточено на том, как модель семейного образования формирует профессиональные ценности и ценностную ориентацию ребенка, чтобы предоставить ему более точную и эффективную поддержку в поиске и развитии карьеры.

Что касается социальных изменений и карьерных путей, перекрестные исследования могут углубить понимание того, как различные факторы, такие как экономическое развитие, технологический прогресс и изменения в социальной политике, могут взаимодействовать с выбором карьеры, возможностями трудоустройства и планированием карьеры отдельных лиц. С ростом цифровой экономики многие традиционные профессии постепенно уходят с исторической арены, в то время как ряд новых профессий растет. В этом контексте исследования должны быть сосредоточены на том, как люди могут эффективно адаптироваться к этим быстрым социальным изменениям и как они могут повысить свою профессиональную конкурентоспособность посредством непрерывного образования и обучения, чтобы преуспеть в новой профессиональной среде.

9.3 Будущие направления развития карьеры

Карьера, как дисциплина, ориентированная на индивидуальное планирование карьеры, направлена на удовлетворение множественных потребностей людей в планировании карьеры, карьерном росте и семейном благополучии. С непрерывным социальным прогрессом и быстро меняющейся профессиональной средой направление исследований карьерного обучения также постоянно углубляется и расширяется.

9.3.1 Развитие многокультурной карьеры

Волна глобализации оказала глубокое влияние на развитие карьеры. Заглядывая в будущее, исследования в области карьерного роста должны быть в большей степени сосредоточены на динамических потребностях и новых тенденциях на глобальном рабочем месте, уделяя особое внимание проблемам и потенциальным возможностям карьерного роста, с которыми сталкиваются люди в мультикультурной среде. Углубленное изучение стратегий планирования карьеры и моделей управления в различных культурных контекстах и поиск путей эффективного развития навыков межкультурного общения и международного видения талантов в условиях глобализации для предоставления более комплексных и целенаправленных услуг по планированию карьеры и консультированию станут важными направлениями исследований в этой области. Кроме того, карьерное обучение должно также тщательно изучать далеко идущие последствия семейного контекста для профессионального развития, помогая людям достичь профессионального успеха в межкультурной среде, а также поддерживать гармонию и благополучие семьи.

9.3.2 Планирование карьеры на основе данных

Технологические инновации открывают новые возможности и проблемы для развития карьеры. С быстрым развитием технологий и науки о данных традиционные профессии претерпевают беспрецедентные изменения. В этом контексте будущие карьерные исследования должны быть в большей степени сосредоточены на появлении новых отраслей и профессий, направленных на подготовку сложных талантов, которые сочетают в себе инновационные способности и высокую адаптивность. Используя технологии больших данных и искусственного интеллекта, процесс сбора и анализа информации о карьере становится более быстрым и точным, что, в свою очередь, обеспечивает сильную поддержку пути развития карьеры человека. Кроме того, карьерное обучение может активно использовать передовые технологии, такие как виртуальная реальность и дополненная реальность, чтобы создать более реалистичную и захватывающую среду для профессионального опыта и обучения для учащихся. Интеграция этих технологий не только значительно обогатила исследовательские средства карьерного обучения, но и обеспечила более богатую поддержку данных для теоретических и практических инноваций.

9.3.3 Обучение на протяжении всей жизни

По мере того, как экономическая среда продолжает меняться, будущая карьера будет уделять больше внимания обучению на протяжении всей жизни и адаптации. Область карьерного обучения будет в большей степени сосредоточена на том, как помочь людям успешно перейти и развиваться на разных этапах жизни, чтобы способствовать устойчивости и гибкости карьерного пути. Учитывая специфику потребностей в карьере и целей развития каждого человека, будущие исследования в области карьерного роста должны уделять больше внимания индивидуальным различиям и быть направлены на предоставление индивидуальных услуг по планированию карьеры и консультированию. В то же время, перед лицом быстрых изменений в профессиональной среде, люди должны постоянно совершенствовать свои способности, чтобы оставаться конкурентоспособными. С этой целью карьерное обучение будет в полной мере использовать преимущества Интернета и мобильных технологий, проводить онлайн - обучение и консультирование по вопросам карьеры, чтобы помочь людям достичь непрерывного обучения и личного роста более удобным и гибким образом.

9.3.4 Междисциплинарные исследования для стимулирования инноваций

Карьера как междисциплинарная дисциплина требует постоянного изучения теорий и методов других дисциплин для углубления исследований. Например, карьера может работать с такими дисциплинами, как психология, педагогика, менеджмент и социология, чтобы исследовать внутренние механизмы и факторы, влияющие на выбор карьеры, развитие карьеры и планирование карьеры. Междисциплинарные исследования могут обеспечить всестороннюю перспективу и глубокое понимание, чтобы помочь людям лучше понять потребности и проблемы людей в их профессиональном развитии и семейной жизни, обеспечивая тем самым более эффективную поддержку и руководство. Кроме того, междисциплинарное сотрудничество может способствовать обмену знаниями и ресурсами между различными дисциплинами, а также развитию карьеры и смежных областей.

9.3.5 Профессиональное счастье и социальная ответственность

С изменениями в обществе произошли огромные изменения в профессиональной структуре, на рынке труда и в системе образования. В этом контексте карьера будет уделять больше внимания индивидуальной социальной ответственности и профессиональной этике, подчеркивая интеграцию индивидуальных профессиональных целей с социальными ценностями. Карьера будет активно выступать за то, чтобы люди активно преследовали цели социального благосостояния, охраны окружающей среды и устойчивого развития в своей карьере, помогая людям вносить позитивный вклад в общество, одновременно добиваясь саморазвития. Кроме того, карьера будет направлена на развитие профессиональных талантов, которые сочетают в себе как социальную ответственность, так и благородную профессиональную этику, а также будут способствовать тому, чтобы предприятия и организации уделяли больше внимания социальной ответственности в процессе управления карьерой и совместно способствовали социальной гармонии и прогрессу.

Справочная литература

[1] Отдел идеологической и политической работы Министерства образования. Сравнительные исследования в области идеологического и политического образования и управления для студентов [M]. Пекин: Издательство высшего образования, 2010.

[2] Национальная программа среднесрочной и долгосрочной реформы образования и развития (2010 - 2020 годы) [EB / OL]. Сеть правительства Китая, 2010 - 07 - 29, https://www.gov.cn/jrzg/2010-07/29/content_1667143.htm

[3] (весна и осень) Конг Цю, подождите. Четыре книги · пять писаний [M]. Пекин: издательство на китайском языке, 2009.

[4] Чэнь Сяофэн, и другие переводы. Китайская классическая коллекция [M]. Пекин: Китайское книжное бюро, 2019.

[5] [Швейцария] Юнг. Красная книга [M]. [Англия] Сону Шамдасани, перевод Чжоу Пэвэй, Пекин: Издательство машиностроения, 2017.

[6] [США] Изабель Майлс, Питер Майлс. Рожденные по - разному: распознавание типов личности и развитие потенциала [M]. Ян Гуаньнань Перевод, Пекин: Народное издательство почты и телекоммуникаций, 2016.

[7] [США] Савикос. Карьерный консалтинг [M]. Чжэн Шиян, Ма Минвэй, перевод Го Бенью, Чунцин: издательство Чунцинского университета, 2015.

[8] [Англия] Майлз. Психология: 7 - е издание [M]. Перевод Хуан Ситина, Пекин: Народное почтовое и телекоммуникационное издательство, 2006.

[9] [США] Самуэль Х. Осип, Луиза Ф. Фицджеральд. Теория развития карьеры (4 - е издание) [M]. Гу Сюэин, Цзян Фэйюэ и другие переводы, Шанхай: Шанхайское издательство образования, 2010.

[10] [США] Е. Х. Шэнн. Эффективное управление карьерой [M]. Цю Хайцин Перевод, Пекин: Life · Читать · Xinzhi Sanlian Press, 1992.

[11] [США] Джеффри Х. Гринхаус, Джеральд А. Каранан, Вероника М. Годшек. Управление карьерой [М]. Перевод Ван Вэй, Пекин: Издательство Университета Цинхуа, 2006.

[12] [США] Петерсон, Гонресас. Психология профессионального консультирования: роль работы в жизни людей [М]. Тай Кан хэ перевод, Пекин: Издательство легкой промышленности Китая, 2007.

[13] [США] Ричард С. Шафф. Развитие карьеры и планирование: жизненные проблемы и выбор [М]. Перевод Чжоу Мин, Пекин: издательство Китайского народного университета, 2012.

[14] Лю Пинцин, Чэнь Юньцюань и др. Карьера и планирование жизни [М]. Пекин: издательство Пекинского университета, 2014.

[15] Хуан Дунсян. Исследование реформы прикладной подготовки кадров [М]. Пекин: Научное издательство, 2016.

[16] Донг Пэнчжун. Планирование карьеры [М]. Пекин: Издательство высшего образования, 2017.

[17] Пэн Цзяньфэн. Введение в управление людскими ресурсами [М]. Шанхай: Фуданьский университет Издательство, 2018.

[18] Ран Цзюнь. Управление карьерой [М]. Пекин: Научное издательство, 2012.

Краткое описание автора

ХУАН ДУНСЯНЬ (◇◇◇, 1976 -), мужчина, родился в китайской провинции Хэнань, профессор Хубэйского университета экономического управления.

ЛЮ ТИНТИНГ (◇◇◇, 1983 -), женщина, родилась в китайской провинции Шаньдун, доцент Хубэйского университета экономического управления.